BIBLIOTHÈQUE

DE LA

JEUNESSE CHRÉTIENNE

APPROUVÉE

PAR S. ÉM. Mgr LE CARDINAL ARCHEVÊQUE DE PARIS

—

4e SÉRIE IN-12

Geneviève, simple bergère, se met à la tête de ceux
qu'on a envoyés chercher des vivres.

VIE

DE

SAINTE GENEVIÈVE

PATRONNE DE PARIS

PAR D. S.

SEPTIÈME ÉDITION.

TOURS

ALFRED MAME ET FILS, ÉDITEURS

1865

Le nom de sainte Geneviève se retrouve,
pour ainsi dire, à toutes les époques de notre
histoire. Des hordes barbares se précipitent
sur la France, et menacent de réduire en
cendres la ville de Paris; Geneviève prie, et
le torrent destructeur prend un autre cours
et va porter ailleurs ses ravages, jusqu'au
jour marqué par Dieu pour le terme de ses
fureurs. Quelques années après, cette même
ville est assiégée, et, dans l'impossibilité
de se procurer des vivres, les habitants se
voient en proie à toutes les horreurs de la
famine; Geneviève, bravant les périls d'une
navigation lointaine, va solliciter la charité
d'une province amie, et bientôt l'abondance
rentre avec elle dans les murs de la ville

assiégée. Plus tard, lorsque depuis longtemps déjà Geneviève a fini sa vie mortelle,
des fléaux terribles s'abattent sur la cité
qu'elle aime : le fleuve irrité renverse les
maisons et envahit les temples; ou bien une
maladie pestilentielle porte dans toutes les
familles le désespoir; la vierge de Nanterre
jette, du haut du ciel, un regard favorable
sur le peuple qui lui est cher, et aussitôt les
ondes soulevées rentrent dans leur lit, le
feu dévorant de la maladie s'éteint, et des
milliers de personnes échappent miraculeusement à la mort. Dans toutes les provinces,
sous tous les règnes, on invoque Geneviève,
et les maux cessent, et les grâces descendent
du haut du ciel.

Et d'où vient à l'humble bergère ce pouvoir surnaturel de détourner les calamités
que l'iniquité des hommes attire sur la
terre? C'est que toute sa vie a été une vie
de pénitence et de mortification, un long

sacrifice, une perpétuelle immolation à la volonté de Celui qui doit avoir seul toutes nos pensées. Pendant plus de soixante ans Geneviève ne cesse de prier, de jeûner, de s'humilier, jusqu'au jour où Dieu la rappelle à lui pour couronner ses vertus dans le séjour de l'éternelle joie. Voilà pourquoi, tant qu'elle est sur la terre, elle sauve les peuples par des miracles; voilà pourquoi elle continue, de la demeure bienheureuse qu'elle habite, à couvrir la France de sa puissante protection.

La vie de sainte Geneviève n'offre pas beaucoup de ces épisodes frappants que certains lecteurs voudraient toujours trouver dans l'histoire des saints; mais pour ceux qui ne s'arrêtent pas à cet intérêt frivole que fait naître la satisfaction d'une vaine curiosité, pour ceux qui cherchent l'intérêt sérieux qui vient du désir d'imiter les vertus dont on a le modèle sous les yeux, pour ces pieux lecteurs, les seuls à qui nous nous efforcions de plaire, nous espérons que les exemples de charité, de douceur, d'humilité, et tous les autres traits édifiants dont se compose la vie de sainte Geneviève, leur offriront un tableau assez intéressant. Sans ôter aux faits que nous rapportons leur caractère, sans chercher à les embellir par des ornements étrangers, nous avons cru pouvoir les entremêler çà et là de quelques réflexions que le sujet semblait appeler naturellement. Nous avons pensé qu'en faisant mieux comprendre la vie que nous mettons sous les yeux, nous la ferions mieux goûter et porterions davantage à l'imiter. Puissent nos espérances n'être pas trompées!

VIE

DE

SAINTE GENEVIÈVE

PATRONNE DE PARIS

CHAPITRE I

Naissance et premières années de Geneviève. — Sa sainteté
précoce. — Grâces abondantes dont le Ciel la prévient.

Quand on va de Paris à Saint-Germain, on
trouve, à égale distance de ces deux villes, un
bourg assez considérable et agréablement situé
non loin du mont Valérien. Il existait dès le temps
des Gaulois, et se nommait *Nemetodurum*, ce qui
semble indiquer que c'était un lieu consacré (1).

(1) Tous les noms géographiques qui commencent par
nem indiquent des sanctuaires.

Il s'est plus tard appelé Nanterre, et c'est sous ce nom qu'il est célèbre comme patrie de la sainte dont nous allons écrire l'histoire.

Ce fut vers l'an 423 que naquit sainte Geneviève. À cette époque, le pays que nous habitons comptait encore un grand nombre de malheureux livrés aux erreurs du paganisme. On peut donc considérer comme une faveur du Ciel à l'égard de notre sainte qu'elle soit née de parents chrétiens. Son père se nommait Sévère et sa mère Géronce. Elle fut élevée par eux dans les sentiments d'une vive et sincère piété. Quelles furent dès lors les vertus de cette enfant prédestinée, quels progrès elle faisait chaque jour dans l'amour et la pratique du bien, Dieu n'a pas permis que le souvenir nous en fût conservé. Mais qu'elles durent être pures ces années passées sous le toit paternel, à l'abri de la contagion des mauvais exemples, qui flétrit tant de jeunes âmes et fait mourir pour toujours en elles la simple et précieuse innocence! On aime à se figurer Geneviève s'exerçant, pour ainsi dire dès le berceau, à pratiquer cet amour de Dieu et du prochain qu'elle eut à un degré si éminent dans la suite de sa vie. On aime à pen-

ser que les premiers mots qu'elle bégaya furent
les noms consacrés par la religion ; que les premiers pas qu'elle fit se tournèrent vers l'humble
chapelle de Nanterre ; que toutes ses actions,
en un mot, furent, dans un âge si tendre, le
prélude de son admirable sainteté. Au reste,
tout n'est pas conjectures dans ce que nous disons ici de la sainteté précoce de Geneviève.
C'est une tradition constante que la jeune fille
garda les troupeaux de son père, et que, dans
ce modeste emploi de bergère qui lui permettait de se tenir séparée de ses compagnes,
jouissant au milieu des champs d'une heureuse
solitude, elle élevait à Dieu son âme innocente
par la prière et la méditation. Admirons, proposons-nous comme un modèle à imiter une
enfance si édifiante ; mais ne soyons pas surpris
de ces prodiges que le monde nie parce qu'il ne
les comprend pas : ce sont les effets merveilleux
de la grâce qui opère d'en haut dans les âmes
que Dieu s'est choisies. Nous ne pouvons rien,
en effet, sans ce secours surnaturel ; quelque
bien que nous fassions, c'est la grâce qui le
commence, qui le continue et qui l'achève en
nous ; et non-seulement nos actions, mais toutes

nos pensées, tous nos désirs qui ont le bien pour objet nous viennent d'en haut. Cependant ni le temps ni la mesure de ces dons célestes ne sont les mêmes pour tous. Il en est que Dieu, sans cesser de les rappeler à lui, laisse errer pendant de longues années au gré de leur cœur insensé, afin de leur montrer qu'ils ne savent d'eux-mêmes que courir à leur perte, et qu'ils ne peuvent se sauver que par lui; il en est d'autres qu'il prévient tout d'abord de ses grâces les plus abondantes: en sorte que leurs âmes ressemblent à une source pure dans laquelle Dieu se plaît à se voir comme dans un miroir. Geneviève était du nombre de ces âmes prédestinées. Dès l'âge de cinq à six ans elle n'avait déjà plus d'autre pensée que de servir Dieu et de mériter le ciel.

CHAPITRE II

Ce qu'étaient saint Loup et saint Germain. — Comment ils
furent chargés l'un et l'autre d'aller combattre en Angleterre l'hérésie pélagienne.

Notre-Seigneur a dit dans son Évangile :
« Prenez garde que quelqu'un ne vous séduise,
parce que plusieurs viendront sous mon nom,
disant : Je suis le Christ, et ils en séduiront
plusieurs (1). » Et saint Paul, faisant la même
prédiction d'après l'Esprit-Saint, écrit en ces
termes à Timothée son disciple : « L'Esprit
dit expressément que, dans les temps à venir,
quelques-uns abandonneront la foi, en suivant
des esprits trompeurs et des doctrines diabo-
liques, séduits par l'hypocrisie de certains imposteurs, dont la conscience sera noircie de
crimes (2). » Les séducteurs hypocrites dont il

(1) Matth., XXIV, 5. 6.
(2) I Tim., IV, 1, 2.

est ici question ne sont autres que les hérétiques. Ce sont des hommes qui couvrent du
voile de la piété toutes sortes de malices, et qui
ne se plaisent que dans les contentions et les
disputes outrées. Emportés par une folle curiosité, ils veulent tout pénétrer, tout soumettre
à leur jugement. Mais bientôt la tête leur tourne,
toute leur sagesse se dissipe, ils perdent leur
route, ils se heurtent contre des écueils, ils se
jettent dans des abîmes. Ainsi se sont perdus
Arius, Nestorius et tant d'autres; ils ont cherché au delà de ce qu'il est permis de trouver,
selon la pensée de saint Augustin, et ils sont
tombés.

Au moment où la France voyait s'élever pour
elle dans l'humble bergère de Nanterre une
protectrice puissante, l'Angleterre, appelée
alors Grande-Bretagne, était en proie aux funestes doctrines d'un de ces imposteurs prédits
par Jésus-christ et par le grand Apôtre. Le
moine breton Pélage, ayant donné dans les
discussions métaphysiques qui agitaient les
contrées de l'Orient, se mit à nier le péché ori-
ginel et la nécessité de la grâce, et à soutenir
d'autres erreurs qui ébranlaient tout l'édifice

de la foi. S'étant lié intimement avec un certain Célestius, originaire de Campanie, ils dogmatisèrent ensemble en Afrique, puis en Italie. Pélage était à Rome en 405. Ses prédications ne tardèrent pas à retentir jusque dans la Grande-Bretagne, où Agricola, fils de Sévérin, se faisant l'écho fidèle de cette parole du mensonge, travailla avec un zèle malheureux à propager partout l'hérésie pélagienne. Le pape Célestin, touché de la situation de ce peuple, qu'il voyait exposé a un si grand péril, lui envoya le diacre Pallade pour conjurer le fléau. Celui-ci, après de grands efforts, voyant qu'il ne pouvait arrêter les progrès du mal, en écrivit au souverain pontife, et le pria d'avoir pitié de tant d'âmes que le poison de l'erreur mettait en danger de périr. En même temps les catholiques de la Grande-Bretagne envoyèrent une députation aux évêques des Gaules pour leur demander des missionnaires capables de défendre la foi et de résister à l'hérésie. Le pape nomma saint Germain d'Auxerre pour aller au secours des Bretons, et lui donna le titre de vicaire apostolique. Les évêques des Gaules, s'étant assemblés pour le même sujet, prièrent saint Loup de Troyes de se joindre à saint Germain pour l'aider dans l'importante mission dont il était chargé. Il n'est pas inutile de faire connaître en quelques mots ces deux prélats. On comprendra mieux l'heureux choix que venaient de faire dans leurs personnes les évêques des Gaules et le souverain pontife.

Saint Loup sortait d'une famille illustre établie à Toul. Ayant fait d'excellentes études, il parut au barreau et y plaida avec beaucoup de réputation. Il épousa Piméniole, sœur de saint Hilaire d'Arles, qu'il trouva aussi disposée que lui à servir Dieu avec ferveur. Lorsqu'ils eurent passé six ans ensemble, ils résolurent de mener l'un et l'autre un genre de vie plus parfait. Loup se retira dans la célèbre abbaye de Lérins, gouvernée alors par saint Honorat. Il y vécut un an dans la plus grande régularité, ajoutant encore diverses austérités à celles qui se pratiquaient parmi les frères.

Il avait vendu, lors de sa retraite, une grande partie de ses biens, qu'il avait distribuée aux pauvres. Lorsque saint Honorat eut été placé sur le siége d'Arles, Loup fit un voyage à Mâcon, en Bourgogne, pour se défaire d'une terre qu'il possédait dans le pays, afin de n'avoir plus rien en propre et de pratiquer la plus exacte pauvreté. Ayant employé en bonnes œuvres les fonds provenant de la vente, il se disposait à retourner à Lérins; mais les députés de l'Église de Troyes le demandèrent pour évêque. Cette Église le donnait pour successeur à saint Ours, mort en 426. Notre saint fit d'inutiles efforts pour s'opposer à son élection. Il fut sacré par les évêques de la province de Sens.

Sa nouvelle dignité ne lui fit rien changer à son premier genre de vie. Ce fut toujours la même humilité, la même mortification et le même amour pour la pauvreté. Cet amour de la pauvreté paraissait surtout dans son habillement. Il couchait sur des planches, et veillait dans l'exercice de la prière de deux nuits l'une. Souvent il passait trois jours sans prendre aucune nourriture, et après un jeûne si rigoureux il ne mangeait qu'un peu de pain d'orge. Il vécut de la sorte plus de vingt ans, toujours occupé de ses fonctions saintes, qu'il remplissait avec un zèle tout apostolique.

Saint Germain était digne de figurer à côté de saint Loup. Il était né à Auxerre, vers l'an 360, de parents distingués par leur noblesse. Après avoir fait ses premières études dans les Gaules, il alla étudier, à Rome, l'éloquence et le droit civil. Les progrès qu'il fit dans ces deux sciences le mirent bientôt en état de plaider avec distinction devant le préfet du prétoire. Il épousa une femme de grande qualité, qui se nommait Eustachia. Son mérite l'ayant fait connaître à l'empereur Honorius, il fut élevé par ce prince à des places fort honorables. Il eut enfin celle de duc ou général des troupes de sa province, ce qui l'obligea de retourner à Auxerre.

A la vérité, on ne remarquait point en lui de vices grossiers; mais toute sa religion se bornait à observer ce que dictent les principes de la probité naturelle. Ses vertus étaient purement humaines; il ne connaissait point cet esprit d'humilité, de mortification et de prière, qui est le fondement du christianisme. Il aimait passionnément la chasse; et, quand il avait tué quelque bête, il en suspendait la tête aux branches d'un grand arbre qui était au milieu de la ville. Cette coutume venait tout au plus d'un fonds de vanité; mais, comme les païens faisaient par superstition quelque chose de semblable, Germain était pour les fidèles un sujet de scandale. Saint Amateur, qui occupait alors le siége d'Auxerre, l'en avertit plusieurs fois; il ne fut point écouté. Enfin, un jour que le jeune duc était absent, il fit couper l'arbre. Germain, en ayant été instruit, entra dans une grande colère, et menaça le saint évêque de tirer vengeance de la conduite qu'il avait tenue. Cependant Dieu fit connaître à saint Amateur qu'il mourrait bientôt, et qu'il destinait Germain lui-même à être son successeur. Le saint alla sur-le-champ trouver Jules, préfet des Gaules, qui demeurait à Autun, pour lui demander la permission de mettre Germain au nombre des clercs. Sans cette permission, aucun officier ne pouvait changer d'état. Jules l'ayant accordée, saint Amateur revint à Auxerre. Il assembla chez lui les principaux des fidèles, qui le suivirent à l'église avec le peuple. Germain y vint aussi. Aussitôt les portes du temple furent fermées par l'ordre de l'évêque, qui se saisit de Germain, lui conféra la tonsure cléricale, le revêtit de l'habit ecclésiastique, et lui apprit qu'il devait être son successeur. Germain n'osa faire de résistance, de peur de s'opposer à la volonté de Dieu.

Saint Amateur étant mort peu de temps après, le 1er mai 418, les vœux du clergé et du peuple se réunirent en faveur de Germain, qui fut sacré le 7 juillet par les évêques de la province. Après son sacre, il ne fut plus le même homme. Il renonça aux pompes et aux vanités du monde, distribua ses biens aux pauvres et à l'Église, et embrassa les austérités de la pénitence. Pendant les trente années que dura son épiscopat, il s'interdit l'usage du pain de froment, des légumes, du sel, du vin et du vinaigre. Toute sa nourriture consistait dans du pain fait avec de l'orge qu'il avait battue et moulue lui-même; encore mettait-il un peu de cendre dans sa bouche avant d'y toucher. Jamais il ne prenait son repas que le soir; souvent il ne mangeait qu'une fois ou tout au plus deux fois par semaine. Son vêtement était le même en hiver qu'en été, et il ne le quittait que lorsqu'il tombait en lambeaux. Il exerçait l'hospitalité envers tout le monde; il lavait les pieds des pauvres, et les servait à table de ses propres mains.

Tels sont les deux prélats qui furent chargés d'aller dans la Grande-Bretagne combattre l'hérésie pélagienne. On voit qu'ils étaient doublement dignes, par leur vertu et par leur savoir, de la confiance que leur marquait l'Église en leur donnant cette importante mission.

CHAPITRE III

Comment saint Loup et saint Germain passèrent par Nanterre. — Entretien de saint Germain avec Geneviève. — Il la consacre à Dieu. — Il quitte Nanterre.

Saint Loup et saint Germain, après avoir recommandé à Dieu le succès de leur entreprise, se mirent en route pour la Grande-Bretagne. La ville de Nanterre se trouvant sur leur passage, ils crurent devoir s'y arrêter, moins pour se reposer que pour avoir le temps de se recueillir par la prière et de demander encore une fois au Seigneur la force nécessaire pour triompher de ceux qui outrageaient si indignement son nom. Dieu le permit ainsi afin que la vertu de son humble servante eût occasion de se manifester.

Aussitôt qu'on apprit à Nanterre l'arrivée des deux saints évêques, on se porta en foule à leur rencontre. Geneviève, qui avait alors sept ans, y alla aussi avec son père et sa mère. Quoiqu'elle fût confondue dans la multitude, saint Germain, par une inspiration divine, sut la discerner aussitôt parmi les assistants et se la fit amener. Comme le peuple qui environnait le saint évêque manifestait quelque étonnement, il dit devant tous que Dieu avait choisi Geneviève pour son épouse; il ajouta qu'à sa naissance les anges avaient entonné dans le ciel des chants d'allégresse; il félicita Sévère et Géronce d'avoir une telle fille, et annonça que l'exemple de ses vertus déciderait beaucoup de pécheurs à renoncer à leur conduite désordonnée. S'adressant ensuite à la jeune fille elle-même, il lui parla du bonheur de consacrer à Dieu sa virginité, et lui demanda si elle voudrait consentir à appartenir entièrement à ce céleste époux. Geneviève répondit que tel avait toujours été l'objet de ses vœux. « Prends courage, ma fille, lui dit alors saint Germain, agis avec énergie, et efforce-toi de prouver par tes œuvres ce que tu crois de cœur et ce que tu professes de bouche. » En parlant ainsi, le saint évêque conduisit la jeune fille à l'église, où il reçut son vœu après plusieurs prières solennelles. Il la confirma en lui imposant la main droite sur la tête. Le lendemain, il voulut que Geneviève lui fût encore présentée, et il lui dit : « Écoute, Geneviève, ma fille : rappelle-toi qu'hier tu as promis que tu conserveras ton corps exempt de toute souillure. — Mon père, répondit-elle, je m'en souviens. » Alors l'évêque ramassa une pièce de bronze qui se trouva à terre à ses pieds, ainsi que Dieu l'avait voulu, et sur laquelle était empreinte la figure de la croix ; et il dit à Geneviève : « Porte toujours ceci suspendu à ton cou, en mémoire de moi, et ne souffre jamais, ni à ton cou ni à tes doigts, aucun ornement fait d'un métal précieux ou enrichi de perles ; car, si tu aimes la moindre parure du siècle, tu seras privée des ornements célestes et éternels. »

Après cette entrevue, saint Germain rejoignit

saint Loup. Ils continuèrent leur route, et s'embarquèrent ensemble pour la Grande-Bretagne. On était alors en hiver. Les deux évêques furent assaillis d'une furieuse tempête dans le trajet; saint Germain l'apaisa en invoquant le nom de la sainte Trinité. Lorsqu'ils arrivèrent dans la Grande-Bretagne, ils virent venir au-devant d'eux une troupe innombrable de peuple. Le bruit de leur sainteté, de leur doctrine et de leurs miracles se fut bientôt répandu par tout le pays. Ils confirmaient les catholiques dans la foi, et convertissaient ceux qui avaient le malheur d'être engagés dans les erreurs de l'hérésie. Les églises ne pouvant contenir tous ceux qui accouraient à leurs discours, ils prêchaient souvent au milieu de la campagne. Les chefs des pélagiens n'osaient paraître devant eux, et fuyaient même, de peur d'être forcés d'en venir à une dispute en règle. Ils rougirent à la fin d'une conduite qui faisait leur condamnation, et acceptèrent une conférence qui se tint à Vérulam. Une grande multitude de peuple y assista. Les hérétiques, qui firent d'abord une bonne contenance, parurent avec beaucoup d'appareil et parlèrent les premiers.

On leur laissa la liberté de discourir longtemps. Lorsqu'ils eurent fini, les deux saints évêques répondirent avec tant de force, et appuyèrent si bien leurs raisonnements sur l'autorité de l'Écriture, que leurs adversaires furent bientôt réduits au silence. Les fidèles témoignèrent alors par leurs acclamations la joie qu'ils ressentaient de ce que la vérité venait de remporter la victoire sur l'erreur. Saint Loup et saint Germain restèrent encore quelque temps dans la Grande-Bretagne, prêchant la doctrine de vérité, convertissant les idolâtres, ramenant au sein de l'Église ses enfants égarés, opérant des guérisons miraculeuses, et répandant partout sur leur passage toutes sortes de bénédictions. Ils retournèrent ensuite en France, et rentrèrent chacun dans leur diocèse, où ils continuèrent à travailler avec zèle à la sanctification et au véritable bonheur des fidèles confiés à leur sollicitude.

CHAPITRE IV

Vertus admirables de Geneviève. — Son esprit d'humilité.
— Son grand zèle pour l'accomplissement de la loi de
Dieu. — Miracle par lequel le Seigneur fait voir sa prédilection pour sa fidèle servante. — Réflexions sur la
soumission due aux parents.

Cependant Geneviève n'avait point oublié la
promesse qu'elle avait faite de se consacrer à
Jésus-Christ. Quoique dans un âge où les autres
enfants n'ont presque point encore d'autre oc-
cupation que leurs jeux, elle se livrait continuellement à de sérieuses méditations sur la
vanité des choses humaines; elle entendait au
fond de son âme une voix qui lui répétait sans
cesse : « Heureux ceux dont la joie est de s'oc-
cuper de Dieu, et qui se dégagent de tous les
embarras du siècle! Je suis votre salut, votre
paix et votre vie. Demeurez près de moi, et
vous trouverez la paix. Laissez là tout ce qui

passe; ne cherchez que ce qui est éternel. Que
sont toutes les choses du temps, que des séduc-
tions vaines! et de quoi vous serviront toutes
les créatures, si vous êtes abandonnée du Créateur? Renoncez donc à tout, et occupez-vous
de plaire à votre Créateur et de lui être fidèle,
afin de parvenir à la vraie béatitude. « Le céleste
Époux lui disait encore : « Vous devez être
morte aux affections humaines, jusqu'à sou-
haiter de n'avoir, s'il se pouvait, aucun commerce avec les hommes. Plus l'homme s'éloigne
des consolations de la terre, plus il s'approche
de Dieu. Si vous saviez vous anéantir parfaitement et bannir de votre cœur tout amour
de la créature, alors, venant à vous, je vous
inonderais de ma grâce. Quand vous regardez
la créature, vous perdez de vue le Créateur (1). »

Ces paroles, que nous entendons aussi en
nous-mêmes, mais sur lesquelles nous cherchons trop souvent à nous étourdir, elle les
méditait nuit et jour, et se réjouissait d'avance
dans l'espoir de les accomplir aussi parfaite-

______

(1) *Imitation de Jésus-Christ*, liv. iii, ch. 1 et 12.

ment qu'il serait en son pouvoir. Elle était encore dans l'âge où l'on ignore à peu près ce que c'est que bonne ou mauvaise réputation, estime ou mépris, et l'on eût dit qu'elle avait fait de la vie du monde une longue expérience, qu'elle avait appris ensuite dans les saintes méditations du cloître le peu de cas qu'il faut faire des discours des hommes, qui ne sont d'aucune importance pour le salut. Entrons un instant dans cet esprit d'abandon à la volonté de Dieu, dont sainte Geneviève était animée dès ses plus tendres années, et tâchons de le comprendre par les paroles d'un des plus grands maîtres de la vie spirituelle. « Chacun, dit saint François de Sales, veut avoir des vertus éclatantes et de montre, attachées au haut de la croix, afin qu'on les voie de loin et qu'on les admire. Très-peu se pressent à cueillir celles qui, comme le serpolet et le thym, croissent au pied et à l'ombre de cet arbre de vie. Cependant ce sont les plus odoriférantes et les plus arrosées du sang du Sauveur. Il n'appartient pas à tout le monde d'exercer ces grandes vertus de force, de magnanimité, de magnificence, de martyre, de patience, de

constance, de valeur. Les occasions de les pratiquer sont rares ; cependant tout le monde y
aspire, parce qu'elles sont éclatantes et de
grand nom ; il arrive souvent qu'on se figure
les pouvoir pratiquer ; on enfle son courage de
cette vaine opinion de soi-même ; et, dans les
occasions, on donne du nez en terre. Les occasions de gagner de grosses sommes ne se présentent pas tous les jours ; mais tous les jours
on peut gagner des liards et des sous ; et en
ménageant bien ces petits profits, il y en a
qui se font riches avec le temps. » Saint François de Sales appelait encore cela, dans son
langage figuré, pratiquer les petites vertus,
cheminer simplement par les basses et obscures
vallées. C'était de ces petites vertus que Geneviève faisait ses exercices journaliers ; c'était
par ces basses et obscures vallées qu'elle se plaisait à marcher. C'est pourquoi nous avons cru
devoir nous arrêter à les expliquer par quelques
réflexions, parce que nous chercherions vainement dans l'histoire tous les faits qui se
produisaient : la plupart sont restés cachés.
Plusieurs, toutefois, sont parvenus jusqu'à
nous, et en voici un que nous ne saurions

omettre; il vient à l'appui de ce qu'on a vu plus haut.

Un jour de fête solennelle, Géronce, allant à l'église, voulut obliger sa fille de rester à la maison. On comprend quelle peine dut éprouver Geneviève de se voir privée du bonheur d'aller entendre la parole sainte et d'assister au divin sacrifice. Elle conjura donc sa mère, les larmes aux yeux, de lui permettre de l'accompagner. Celle-ci ne voulant pas y consentir, Geneviève, qui ne consultait que son zèle pieux, ne se découragea pas; elle continua de faire les plus vives instances, rappelant la promesse par laquelle elle s'était engagée à être l'épouse de Jésus-Christ et à le servir uniquement. Là-dessus Géronce entra dans une grande colère, et s'emporta jusqu'à donner un soufflet à sa fille. Geneviève ne laissa pas échapper une plainte, un murmure; elle redoubla, au contraire, de douceur, de patience, de soumission. Mais Dieu, voulant marquer l'intérêt qu'il portait à sa fidèle servante, permit que sur-le-champ Géronce devint aveugle, en punition de son emportement. Elle demeura ainsi près de deux ans privée de la vue. Enfin, se souvenant de la prédiction de saint Germain, et poussée par un mouvement extraordinaire de foi, elle dit un jour à Geneviève : « Ma fille, va puiser de l'eau au puits voisin, et viens me l'apporter après avoir fait dessus le signe de la croix; car j'ai grande confiance qu'en l'appliquant sur mes yeux je recouvrerai la vue. » Geneviève fit ce que sa mère lui avait commandé; elle apporta de l'eau, fit dessus le signe de la croix, et Géronce, s'en étant lavé les yeux deux ou trois fois, se trouva miraculeusement guérie. Admirons ici la justice et la bonté de Dieu, qui prend en main la cause de son humble servante en couvrant de ténèbres les yeux de celle qui s'opposait à son zèle pieux, et qui bientôt après se sert d'elle comme d'un instrument pour guérir cette infirmité dont il venait d'affliger sa mère. Admirons aussi et proposons-nous comme un modèle à imiter la conduite de Geneviève dans cette circonstance. Lorsque sa mère la frappe sur une joue, non-seulement elle ne s'irrite ni ne se plaint de ce traitement indigne, mais elle ne témoigne aucun sentiment d'aigreur, et elle serait prête, sans doute, à tendre l'autre joue, selon le précepte de l'Évangile. C'est là le véritable esprit de douceur, tel que Notre-Seigneur l'a prêché par sa parole et par ses exemples.

On dira peut-être que, Géronce ayant commandé à sa fille de rester à la maison pendant qu'elle-même se rendait à l'église, celle-ci devait obéir sur-le-champ et se soumettre sans hésiter au refus qu'elle venait d'éprouver. Oui, sans doute, nous devons honorer notre père et notre mère : oui, nous leur devons respect, obéissance et soumission ; mais au-dessus d'eux Dieu s'élève de toute la hauteur dont le ciel s'élève au-dessus de la terre, c'est-à-dire infiniment ; Dieu est le premier père de tous les hommes, et de plus il est le seul que les hommes reconnaissent selon l'esprit. C'est donc à lui, et non point à d'autres, d'exercer sur l'esprit et sur les vocations des hommes cette supériorité de conduite ou plutôt d'empire qui fait l'engagement de la vocation. « Mes chers enfants, disait à ses fils la mère des Machabées, ce n'est pas moi qui vous ai donné une âme si héroïque : cet esprit généreux qui vous anime, c'est du souverain Auteur du monde que vous l'avez reçu. Je suis votre mère selon la chair ; mais la plus noble partie de vous-mêmes, qui

est l'esprit, est immédiatement l'ouvrage de
Dieu. » Humble et fidèle soumission donc envers nos parents, tant qu'il s'agit d'intérêts
simplement temporels; mais là où il s'agit de la
vocation, et par conséquent du salut éternel,
il n'en peut être de même. « Nous paraîtrons
tous devant le tribunal de Dieu, dit saint Paul,
pour y répondre de notre vie. Il faut donc que
nous en ayons tous la disposition libre; car nous
devons disposer des choses dont nous sommes
responsables. Vous ne serez pas jugé pour moi,
et par conséquent, il ne vous appartient pas de
disposer de moi. Demandez-moi toute autre
chose, je vous appartiens; mais j'appartiens
plus encore à l'auteur de mon salut (1). » Il y
a sur ce point, dans l'enfance de Notre-Seigneur, un bel enseignement. Il était allé, à
l'âge de douze ans, célébrer la fête de Pâque à
Jérusalem avec saint Joseph et la Vierge Marie.
« Après que les jours que dura la fête furent
passés, lorsqu'ils s'en retournèrent, l'enfant
Jésus demeura dans Jérusalem, sans que son
père et sa mère s'en aperçussent; car, pensant

(1) Bourdaloue, *Sur les devoirs des pères.*

qu'il serait avec ceux de leur compagnie, ils marchèrent durant un jour, et le cherchèrent ensuite parmi leurs parents et ceux de leur connaissance; mais, ne l'ayant point trouvé, ils retournèrent à Jérusalem pour l'y chercher. Au bout de trois jours ils le trouvèrent dans le temple, assis au milieu des docteurs, les écoutant et leur proposant des questions. Et tous ceux qui l'entendaient parler étaient ravis en admiration de sa sagesse et de ses réponses. Lors donc qu'ils le virent, ils furent remplis d'étonnement; et sa mère lui dit: Mon fils, pourquoi en avez-vous usé de la sorte avec nous? voilà que nous vous cherchions, votre père et moi, étant fort affligés. Il leur répondit: Pourquoi me cherchiez-vous? ne saviez-vous pas qu'il faut que je sois occupé à ce qui regarde le service de mon Père (1)? » C'est la réponse que nous devons faire à nos parents quand il s'agit d'un état auquel ils veulent nous attacher, ou dont ils veulent nous détourner au péril de notre salut: « Ne savez-vous pas qu'il faut que je fasse ce qui regarde le service de

____

(1) S. Luc, II, 48-50.

mon Père qui est dans les cieux ? » C'est la réponse que Geneviève fit à sa mère lorsque celle-
ci lui défendit de le suivre à la maison du Seigneur: « Ne savez-vous pas qu'il faut que j'aille
faire ce qui est du service de mon Père céleste,
que j'aille me prosterner au pied des saints
autels pour lui demander de répandre sur moi
les grâces qui me sont nécessaires, afin que je
devienne digne du divin Époux? Ne savez-vous
pas que non-seulement je ne vous appartiens
pas, mais que je ne m'appartiens pas à moi-
même ; que je suis tout à Celui qui veut me
recevoir dans les tabernacles éternels? C'est à
lui que s'adressait la promesse que j'ai faite
à saint Germain ! ne faut-il pas que j'aille l'accomplir? » En faisant telle ou semblable réponse, Geneviève ne manquait pas au respect
qu'elle devait à sa mère; seulement elle lui
préférait Dieu.

CHAPITRE V

Geneviève se consacre spécialement à Dieu, et embrasse le saint état de la virginité. Elle offre par sa conduite un modèle admirable de pureté.

Quoique Geneviève eût résolu, depuis l'âge de sept ans, de rester séparée des vaines joies du monde et de vivre uniquement pour Dieu; quoiqu'elle en eût fait la promesse au saint évêque d'Auxerre, elle n'avait point pris dès lors l'engagement solennel de se consacrer entièrement au céleste Époux. Mais, lorsqu'elle eut atteint l'âge de quinze ans, pressée de l'ardent désir de s'avancer de plus en plus dans la voie de la perfection, elle forma le dessein de renoncer pour jamais à la vie du siècle et d'embrasser le saint état de la virginité. Elle fit part à sa mère de son projet. Si Géronce n'eût consulté que le sentiment naturel dont son cœur était animé, elle se serait sans doute efforcée de s'opposer à la résolution de sa fille ; mais elle avait éprouvé qu'on ne résiste point à Dieu impunément, et qu'on tente vainement de retenir loin de lui les âmes qu'il s'est choisies et qu'il appelle à lui d'une manière spéciale. Elle consentit donc à se séparer de celle qu'elle considérait comme devant être l'appui et la consolation de sa vieillesse, et elle lui permit de suivre les mouvements de la grâce et d'aller où Dieu l'appelait.

Heureuse de voir que cette fois elle pouvait obéir à Dieu sans déplaire à sa mère, Geneviève se rendit auprès de Julicus, évêque de Chartres, pour le prier de recevoir ses vœux. Elle était accompagnée de deux jeunes filles plus âgées qu'elle, qui allaient aussi se consacrer à Dieu ; et, par humilité, elle marchait la dernière, et semblait à peine oser se montrer. Mais l'évêque, éclairé subitement d'une lumière céleste qui lui fit découvrir en Geneviève des mérites que n'avaient pas ses compagnes, s'écria avec un accent inspiré : « Que celle qui est la dernière s'avance et prenne place au premier rang, car Dieu l'a déjà sanctifiée ! » Avait-il connaissance de la première consécration qu'elle avait reçue de saint Germain, ou bien avait-il deviné sur son visage la grande piété dans laquelle elle servait Dieu, c'est ce qu'il est difficile de dire ; quoi qu'il en soit, ce fut à Geneviève qu'il donna d'abord le voile de la religion ; ce fut elle qu'il bénit et consacra la première.

Geneviève fit donc entre ses mains vœu de virginité perpétuelle. Elle savait que les choses que nous faisons pour plaire à Dieu lui sont plus agréables encore lorsque nous nous attachons plus étroitement à lui par un particulier engagement ; elle savait surtout que rien n'est plus cher à Notre-Seigneur Jésus-Christ que l'immolation d'un cœur pur. Aussi nulle âme ne fut plus pure que celle de Geneviève de toute atteinte des plaisirs sensuels ; nul ne comprit mieux cette belle vertu de la chasteté, qui rend l'homme semblable aux anges et digne de la vue de Dieu, ainsi que le dit Notre-Seigneur : « Bienheureux ceux qui ont le cœur pur ! car ils verront Dieu (1). » Qui pourrait dire, en effet, la beauté d'un cœur pur ? Une glace

____

(1) Matth., v, 8.

parfaitement nette, un or parfaitement affiné,
un diamant sans aucune tache, une fontaine
parfaitement claire, n'égalent pas la netteté et
la beauté d'un cœur pur. Il faut en ôter toute
ordure, et celles principalement qui viennent
des plaisirs des sens; car une goutte de ces
plaisirs trouble cette belle fontaine. Qu'elle est
belle, qu'elle est ravissante cette fontaine incor-
ruptible d'un cœur pur! Dieu se plait à s'y voir
lui-même comme dans un beau miroir; il s'y
imprime lui-même dans toute sa beauté. Ce beau
miroir devient un soleil par les rayons qui le
pénètrent : il est tout resplendisant. La pureté
de Dieu se joint à la nôtre, qu'il a lui-même opé-
rée en nous; et nos regards épurés le verront
briller en nous-mêmes et y luire d'une éternelle
lumière. Bienheureux donc ceux qui ont le
cœur pur! car ils verront Dieu (1). Ils verront
Dieu : c'est-à-dire, ils seront capables de recevoir les pures et chastes vérités du christianisme, de saisir les discours spirituels, qui ne
sauraient prendre en ceux dont l'âme, comme
parle l'Écriture, ne médite que chair et que

(1) Bossuet, *Méditations sur l'Évangile.*

sang. Il n'y a point, en effet, de péché qui jette l'homme dans un aveuglement plus profond que l'impureté. Et la raison en est évidente : c'est qu'étant un attachement déréglé, un assujettissement honteux de l'esprit à la chair, elle rend en quelque sorte l'esprit tout charnel. Aussi saint Paul, parlant d'un impudique, ne l'appelle-t-il plus absolument homme, mais « homme animal; » et, comme il est clair que ce n'est point cet homme-là qui peut avoir des connaissances raisonnables, l'Apôtre conclut ainsi : « Pour l'homme animal, il n'est point capable des choses qui sont de l'esprit de Dieu : elles lui paraissent une folie, et il ne les peut comprendre, parce que c'est par une lumière spirituelle qu'on en peut juger (1). » C'est pourquoi il n'y a point de péché dont les saints se soient plus gardés dans tous les temps. Ajoutons qu'il n'y a que dans le christianisme que cela soit possible. Les païens ont pratiqué certaines vertus, telles que la justice, la patience, et une certaine modération dans les désirs, quoique ces vertus fussent bien impar-

____

(1) I Cor., ii, 14.

faites ; mais ils n'ont jamais pratiqué, ou plutôt ils n'ont même jamais connu la vertu de pureté. Disons, de plus, à la gloire de notre sainte, qu'étant venue à une époque où le paganisme couvrait encore de ses ténèbres une grande partie de la contrée que nous habitons, elle eut d'autant plus de mérite d'embrasser avec ardeur cette vertu de pureté dont elle trouvait autour d'elle si peu d'exemples. Aussi l'on peut dire en quelque sorte qu'elle leva la première en France l'étendard de la virginité. Du moins est-elle, si nous ne nous trompons, la première vierge de notre pays que l'Église honore comme sainte, et dont elle reconnaisse la puissante intercession auprès de Dieu.

CHAPITRE VI

Geneviève perd son père et sa mère. — Elle se retire à Paris chez sa marraine. — Elle tombe malade. — Elle est favorisée de visions extraordinaires.

Peu de temps après que Geneviève se fut engagée à Dieu par le vœu solennel dont nous venons de parler, elle perdit son père et sa mère. Sans doute cette perte lui causa une vive affliction, et il ne lui fut pas possible en cette circonstance de faire taire entièrement dans son âme les sentiments de la nature. Mais elle n'ignorait pas que nos affections, pour être pures, doivent avoir leur principe en Dieu ; que nulle créature ne doit être aimée qu'avec une soumission parfaite aux ordres de la Providence ; elle savait que nous devons être prêts à supporter ce qui afflige le plus la nature, l'absence, la séparation, la mort, nous sou-

venant de ce que dit l'Apôtre : « Nous ne voulons pas, mes frères, que vous soyez dans
l'ignorance touchant ceux qui dorment, afin
que vous ne vous attristiez pas comme les autres
hommes qui n'ont point d'espérance. Car si
nous croyons que Jésus-Christ est mort et res-
suscité, ainsi Dieu amènera avec Jésus ceux
qui se seront endormis en lui (1). » Elle ne con-
sidéra donc cette séparation que comme une
épreuve par laquelle Dieu voulait la faire passer
pour la rendre plus digne d'être son épouse :
et, en effet, c'est surtout à partir de cette
époque qu'elle avança rapidement dans le chemin de la perfection.

Rien n'attachant plus Geneviève à Nanterre
après la mort de ses parents, elle alla se fixer à
Paris, et demeura chez une dame de cette ville
qui était sa marraine. Dieu, qui éprouve ses
plus fidèles serviteurs par les souffrances,
comme l'or est éprouvé dans la fournaise, la
frappa d'une maladie si terrible, qu'elle fut
durant trois jours sans donner aucun signe
de vie, et que ses membres étaient comme ceux

_____

(1) I Thessal., iv.

d'une personne morte. Mais pendant cette faiblesse qui mortifiait son corps, son âme, dit un de ses anciens biographes, vivait en son époux, qui lui faisait part de ses grâces par des visions merveilleuses. Dieu, en effet, permit qu'elle fût transportée en esprit dans le paradis; et, soulevant pour elle un coin du voile mystérieux qui couvre l'avenir, lui montra d'avance la place qu'il lui réservait dans le séjour de l'éternelle joie. Il lui fut donné aussi de voir le lieu funeste où ceux qui se sont déclarés, sur la terre, les ennemis de Dieu, expient dans des supplices éternels les péchés dont ils se sont rendus coupables; enfin, par une faveur plus grande encore, elle fut transportée au temps et au lieu où se consomma l'œuvre de notre rédemption. Quels durent être ses sentiments, lorsque, présente sur le Calvaire, elle y vit monter Notre-Seigneur chargé, comme Isaac, du bois de son sacrifice, lorsqu'elle le vit attaché sur la croix, les pieds et les mains percés de clous, le côté ouvert, répandant par ses plaies divines le sang qui devait régénérer le monde; lorsqu'elle l'entendit pardonner à ses bourreaux, recommander l'un

à l'autre sa sainte mère et le disciple bien-aimé;
lorsqu'elle le vit enfin incliner la tête et rendre
le dernier soupir ! Comme elle devait s'unir de
toutes les puissances de son âme aux saintes
femmes qui avaient suivi Jésus ! Comme elle
devait s'élancer vers la croix, la tenir embras-
sée, la couvrir de ses larmes ! car elle comprenait que tout est dans la croix, et qu'il n'est
point d'autre voie qui conduise à la véritable
vie que la voie de la croix. Et nous aussi, pé-
nétrons-nous bien de cette grande vérité que
tout est dans la croix, et ne ressemblons pas
aux Juifs et aux gentils. « La doctrine de la
croix, scandale pour les Juifs et folie pour les
gentils(1), » est ce que les hommes comprennent
le moins. Qu'un Dieu soit mort pour les sauver,
leur raison s'abaissera devant ce mystère ; mais
qu'ils doivent s'associer à cet étonnant sacrifice en mourant à eux-mêmes, à leurs passions,
à leurs volontés, à leurs désirs, voilà ce qui
les révolte, et leur fait dire comme les Caphar-
naïtes : « Cette parole est dure, et qui peut l'entendre (2)? » Il faut bien pourtant que nous

(1) I Cor., I, 23.
(2) Joan., VI, 61.

l'entendions, car notre salut dépend de la. Le ciel était séparé de la terre, la croix les a réunis, et c'est du pied de la croix que part tout ce qui va jusqu'au ciel. Pressons-nous donc contre la croix; qu'elle soit ici-bas notre consolation, comme elle est notre force. Lorsque, dans sa bonté, Dieu nous envoie quelque épreuve, disons avec saint André : « O douce croix! si longtemps desirée, et préparée maintenant pour cette âme qui la souhaitait ardemment! » Tous les saints ont senti ce désir, tous ont tenu ce langage. « Souffrir ou mourir, » répétait souvent sainte Thérèse; et, dans la souffrance, elle trouvait plus de paix et de bonheur que n'en goûteront jamais ceux que le monde appelle heureux. « Une seule larme versée aux pieds de Jésus est plus délicieuse mille fois que tous les plaisirs du siècle (1). »

Tels étaient les sentiments de Geneviève : elle avait supporté sans murmurer la perte de ceux qu'elle aimait le plus, et son cœur s'était incliné sous la main divine qui lui portait un coup si sensible. Maintenant la maladie vient

______

(1) Lamennais, *Réflexions sur l'Imitation.*

affliger son corps, des souffrances inouïes le réduisent à un état voisin de la mort; elle se tait, elle adore, elle prie! Modèle admirable que chaque jour vous pouvons imiter avec le secours de la grâce. Vertus humbles et cachées, mais qui brilleront au jour de la manifestation de tout l'éclat que Dieu versera sur ses saints!

Ce n'était pas seulement par des communications intimes avec le Sauveur et par des visions bienheureuses que Geneviève éprouvait la faveur des grâces célestes; Dieu lui avait donné en outre de pénétrer dans les replis des consciences et de voir ce qui se passait dans l'âme des personnes avec qui elle s'entretenait. Elle leur dévoilait leurs fautes, elle leur en disait le temps, le lieu, toutes les circonstances, elle leur en rappelait le motif et l'occasion; et surtout elle les exhortait à s'en repentir sincèrement, et à prendre la ferme résolution de ne les plus commettre. En voici un exemple, rapporté par l'historien de sa vie. Il y avait à Bourges une femme qui vivait dans une grande réputation de sainteté. Elle avait autrefois fait vœu de virginité; mais elle avait eu le malheur de manquer au saint engagement qui lui faisait une obligation de rester l'épouse de Jésus-Christ. Cependant personne n'avait connaissance du crime dont elle s'était rendue coupable, et elle continuait de jouir de la réputation de sainteté attachée à l'état de vierge. Mais Dieu, qui avait pitié d'elle, lui ménagea une occasion favorable de revenir à lui, en lui montrant qu'elle s'était inutilement flattée de tenir ses désordres cachés. Il arriva, en effet, que cette femme fit un voyage à Paris, et que pendant son séjour dans cette ville elle vit sainte Geneviève et eut le bonheur de s'entretenir avec elle. Notre sainte l'interrogea sur ce qu'elle était ; elle lui répondit qu'elle servait Notre-Seigneur dans la virginité. Geneviève alors, lisant dans la conscience de cette malheureuse, lui reprocha sa faute, et lui donna tous les détails du temps et du lieu où elle l'avait commise. Déchirée par la honte et le remords, la coupable se jeta aux pieds de la sainte, qui venait de lui dévoiler ce qu'elle cachait avec tant de soin dans son cœur, et lui promit de faire pénitence de son péché.

CHAPITRE VII

Geneviève est favorisée du don des larmes. — Calomnies
de ses ennemis. — Ils l'accusent d'être une visionnaire
et une hypocrite. — Patience inaltérable de la sainte dans
cette circonstance.

Geneviève ne s'enorgueillissait point de ces
grâces extraordinaires dont le Ciel la comblait ;
elle en profitait, au contraire, pour redoubler de
ferveur, pour prier mieux et plus longtemps,
pour s'humilier davantage en présence de Dieu,
pour lui dire d'un cœur plus enflammé son
amour, osa tendresse et sa reconnaissance. Souvent, dans ces heures délicieuses d'un saint
épanchement, on la voyait pleurer abondamment. C'est qu'elle avait reçu le *don des larmes*,
de ces larmes douces et rafraîchissantes qui
révèlent au fond de l'âme la présence d'un trésor
inépuisable de grâces et de consolations d'en
haut. Ce n'est pas du reste une faveur qui lui

ait été spéciale , et l'Église nous offre , surtout au moyen âge, plus d'une âme pieuse favorisée de ce même don des larmes. « Elles en connaissaient la précieuse vertu, dit un grand écrivain (1), ces ferventes générations qui honoraient d'un culte si touchant la divine larme que Jésus avait laissée tomber sur le sépulcre de son ami. Il y avait des larmes au fond de toute la poésie et de toute la piété des hommes du moyen âge. Ce *sang de l'âme*, comme disait saint Augustin, cette *eau du cœur*, comme l'appellent nos vieux romans, coulait à grands flots de leurs yeux ; c'était pour les âmes simples et pieuses en quelque sorte une formule de prières, un culte à la fois intime et expressif, une tendre et silencieuse offrande qui les associait à toutes les douleurs et à tous les mérites de Jésus-Christ et de ses saints , à tous les hommages de l'Église. Comme la bienheureuse Dominique du Paradis, on lavait avec ses larmes les souillures de son âme ; comme sainte Odile , on rachetait avec elles les péchés

____

(1) M. de Montalembert, *Histoire de sainte Élisabeth de Hongrie.*

de ceux qu'on avait chéris en ce monde; re-
cueillies par les Anges, qui les portaient aux
pieds du Père des miséricordes, elles étaient
comptées par lui comme un don précieux de
repentir et de saint amour.

« Et ce n'étaient pas seulement les faibles
femmes, ce n'était pas seulement le peuple
ignorant, qui ressentaient ainsi la douceur et
la puissance des larmes: il suffit d'ouvrir au
hasard un historien de ces siècles pour voir
à chaque page comment les princes, les rois,
les chevaliers, les armées entières s'épanchaient
en pleurs sincères et involontaires. Tous ces
hommes de fer, tous ces preux invincibles portaient dans leur poitrine un cœur tendre et naïf
comme celui des enfants. On ne leur avait point
encore appris à flétrir l'innocence naturelle
de leurs sentiments, ou à en rougir. Ils n'a-
vaient point encore desséché et glacé dans leurs
âmes la source des émotions simples, pures et
fortes, de cette rosée divine qui féconde et
embellit la vie. Qui ne se souvient des sanglots
et des larmes immortelles de Godefroy et des
premiers croisés à la vue de ce tombeau du
Christ qu'ils avaient conquis après de si mer-

veilleux exploits et de si dures épreuves? Plus
tard, Richard Cœur de Lion pleurait amère-
ment à la vue de Jérusalem, qu'il ne pouvait
sauver, et le confesseur de saint Louis raconte
de son pénitent que, « quand l'on disoit en la
litanie ces mots : Biau sire Diex, nous te prions
que tu nous doignes fontaine de larmes, il
saint roi disoit dévotement : O sire Diex, je
n'ose requerre fontaine de larmes, ainçois me
souffisent petites gouttes de larmes à arouser
la sécherèce de mon cuer... Et il reconnut
à son confesseur privément que aucunes foiz
lui donna nostre Sire larmes en oraison; lesquelles quand il les sentoit courre par sa face
souef (doucement) et entrer dans sa bouche,
elles lui sembloient si savoureuses et très-
douces, non pas seulement au cuer, mais à la
bouche. »

Telles sont les grâces particulières que Dieu
se plaisait à répandre sur sa fidèle servante.
Elle y répondait en redoublant d'ardeur
pour tout ce qu'elle savait être agréable à ce
Maître souverain ou plutôt à ce Père plein de
tendresse; et plus elle s'efforçait de mériter
les faveurs qu'elle recevait, plus les dons

célestes descendaient abondamment dans son
âme.

Il arrive quelquefois que la vertu inspire le
respect et l'admiration ; mais plus souvent encore elle excite l'envie, et se voit en butte aux
traits de la médisance et de la calomnie. C'est
ce qui arriva pour notre sainte. On ne put lui
pardonner de mener une vie si édifiante ; et,
comme il était impossible de révoquer en doute
ce qui éclatait aux yeux de tous, on prit le
parti de s'armer contre elle de sa propre vertu.
On traita ses révélations de visions puériles en-
fantées par une imagination en délire. Quant à
sa piété, elle reçut simplement le nom d'hypocrisie, et en peu de temps Geneviève devint
pour tout le peuple un objet de mépris et de
haine.

Jésus Christ a dit dans son Évangile : « Combien est étroit le chemin qui mène à la vie ! »
« Et voici, dit Bossuet, ce qui le rend si étroit.
C'est que le juste, sévère à lui-même et persé-
cuteur irréconciliable de ses propres passions,
se voit encore persécuté par les injustes passions
des autres, et ne peut pas même obtenir que
le monde le laisse en paix dans ce sentier

solitaire et rude, où il grimpe plutôt qu'il ne marche (1). » Ce n'était pas assez pour Geneviève des croix qu'elle s'imposait volontairement; il fallait encore que le monde y vînt ajouter ses outrages et ses persécutions de toute espèce. On comprend ce qu'eut à souffrir cette épouse de Jésus-Christ, lorsque, après avoir été pour tout le peuple un objet de vénération, elle se vit traitée par lui d'hypocrite et de folle. Elle ne murmura pas néanmoins; car elle savait que ce ne sont pas les épreuves que nous choisissons nous-mêmes, mais celles que nous acceptons, de quelque part qu'elles viennent, qui nous donnent le plus de mérite, parce que c'est Dieu qui le permet pour sa plus grande gloire et pour notre salut.

(1) *Oraison funèbre de la reine d'Angleterre.*

CHAPITRE VIII

Comment saint Germain passa de nouveau par Paris. — Il
apprend le mépris qu'on fait de Geneviève. — Il rend
aux vertus de la sainte un éclatant témoignage.

Nous avons vu que saint Loup et saint Germain avaient, par leur zèle éclairé, arrêté les progrès de l'hérésie dans la Grande-Bretagne. Après leur départ, les partisans de Pélage avaient repris leur audace et recommencé à semer leurs erreurs funestes. C'est à cette occasion que le saint évêque d'Auxerre fut rappelé dans cette île, en 446. Il prit pour compagnon de son voyage Sévère, qui avait été disciple de saint Loup de Troyes, et qui venait d'être nommé à l'archevêché de Trèves. Leur mission eut le plus heureux succès, et les pélagiens, ne trouvant plus de retraite dans l'île, la quittèrent pour toujours.

Comme la première fois, saint Germain, en se rendant dans la Grande-Bretagne, prit son chemin par Paris; comme la première fois aussi, en approchant de cette ville, il vit venir au-devant de lui une foule considérable, heureuse de lui marquer sa vénération et de recevoir les bénédictions que ses mains répandaient en abondance autour de lui. Le premier soin du saint évêque fut de s'informer de la pieuse vierge qu'il avait consacrée au Seigneur. On se hâta de lui répondre « qu'elle était loin d'être aussi bonne et aussi sainte qu'il le pensait. » C'est toujours ainsi que la calomnie porte ses premiers coups. Elle ne précise rien, elle accuse en général et d'une manière vague, laissant entendre beaucoup plus qu'elle ne dit, éveillant des soupçons sur toute la conduite de celui qu'elle veut perdre, par cela même qu'elle n'a rien qu'elle puisse signaler. On insinuait donc, sans le dire précisément, que Geneviève affectait des vertus qu'elle n'avait pas; que sa piété n'était rien moins que sincère; que toutes ses mortifications ne consistaient qu'en quelques pratiques auxquelles elle avait soin de se livrer publiquement, mais que dans sa demeure tout respirait des goûts bien différents, et que, non contente d'y vivre avec des habitudes de bien-être peu conformes à l'état qu'elle avait embrassé, elle y menait une existence tout à fait délicate et molle, d'autant plus coupable qu'on la croyait plus sainte.

Le saint prélat n'eut pas de peine à reconnaître dans ce langage les artifices du démon et la malice de l'envie. Guidé par une prudence toute chrétienne, il ne répondit point aux perfides insinuations de la calomnie; mais, étant entré dans la ville, il se dirigea, suivi de la foule, vers la demeure de Geneviève, et y entra avec ceux qui avaient essayé de la faire passer pour une hypocrite. Ils la trouvèrent humblement prosternée, s'entretenant avec Dieu par la prière, et versant des larmes si abondantes, que la terre en était inondée. Tout autour d'elle portait la marque de la pénitence et de la piété. Il n'en fallut pas davantage pour dissiper les préventions; et ceux qui étaient venus la haine dans le cœur et la calomnie à la bouche s'en retournèrent en publiant l'innocence et les grandes vertus de la sainte. Quant à saint Germain, il n'avait pas besoin de cette épreuve pour croire à la sincérité des pieux sentiments que professait Geneviève ; mais il rendit grâces à Dieu, qui venait de faire éclater si visiblement sa puissance en confondant l'envie, en la forçant à rougir d'elle-même et à louer celle qu'elle voulait perdre.

Quelques âmes pieuses mais timides, sans prendre tout à fait contre Geneviève le parti de ses détracteurs, n'avaient osé rendre témoignage à ses vertus. Plusieurs ecclésiastiques même s'étaient laissé séduire par les artifices du mensonge, et n'étaient pas loin de croire que notre sainte n'avait de la piété qu'une vaine apparence. Lorsqu'ils surent ce qui venait de se passer, ils gémirent d'avoir pu se laisser abuser à ce point, et n'eurent qu'une voix pour proclamer la sainteté de la vierge de Nanterre.

Au reste, saint Germain ne s'en tint pas à cette réparation, quelque éclatante qu'elle fût. Comme les voyageurs, en ces temps reculés, ne trouvaient sur les routes aucune des ressources qui s'y rencontrent de nos jours pour les besoins de la vie, ils avaient recours à la charité des chrétiens. Les évêques, les prêtres demandaient l'hospitalité aux pasteurs des lieux où ils passaient, et l'homme de Dieu chargé de distribuer aux habitants d'un petit hameau les secours de la religion s'estimait heureux lorsqu'il lui était donné de laver les pieds d'un prince de l'Église, de le voir s'asseoir à sa table pour partager avec lui un frugal repas qu'il tâchait de rendre meilleur. Par suite de cette coutume, l'évêque d'Auxerre fut reçu comme hôte chez l'évêque de Paris. Là encore il parla de Geneviève; il fit l'éloge de ses vertus, et déploya un saint zèle pour faire briller son innocence. Il rappela ce qui s'était passé à Nanterre lors de son premier voyage; comment, éclairé d'une divine lumière, il avait aussitôt distingué cette jeune fille entre ses compagnes, et déclaré au peuple assemblé les grands desseins de Dieu sur elle; comment il n'avait pas craint de la consacrer à Jésus Christ dans un âge si tendre, bien sûr qu'elle ne démentirait jamais par ses actions ni par ses paroles le vœu qu'elle faisait de servir fidèlement ce divin Maître; comment, depuis cette époque, elle n'avait cessé de croître en vertus et de mériter de plus en plus les grâces d'en haut; comment enfin elle était sortie victorieuse de l'épreuve décisive à laquelle ses ennemis venaient de la soumettre.

Les paroles du vénérable prélat eurent l'effet le plus salutaire. En un instant toutes les préventions furent dissipées, tous les doutes disparurent, et il ne resta plus dans les esprits le moindre soupçon sur la pureté de Geneviève. Pour elle, cet orage soulevé contre sa vertu ne l'avait point effrayée, parce qu'elle mettait en Dieu toute sa confiance; quand elle y eut échappé d'une manière si glorieuse, elle n'en triompha pas; elle rendit grâces au Ciel, qui, après lui avoir ménagé cette occasion d'exercer sa patience, s'était chargé de la justifier et de lui faire recouvrer l'estime qu'elle avait perdue.

Apprenons par l'exemple de sainte Geneviève comment nous devons nous conduire quand nous sommes en butte à la calomnie. Ne nous troublons pas des discours des hommes. Si nous n'avons pas commis les fautes qu'on nous reproche, pensons que nous en avons commis bien d'autres qu'on ne nous reproche point. Rappelons-nous surtout ces paroles si encourageantes de notre divin Sauveur : « Vous serez heureux quand on vous maudira, qu'on vous persécutera, et qu'on dira faussement toute sorte de mal contre vous; réjouissez-vous alors et soyez ravis de joie, parce que votre récompense est grande dans les cieux (1). »

CHAPITRE IX

Invasion d'Attila dans les Gaules. — Nouvelles persécutions exercées contre Geneviève à cette occasion.

Le calme que saint Germain avait procuré à sainte Geneviève ne fut pas de longue durée, la haine, un instant assoupie, se réveilla, et les persécutions recommencèrent contre la servante de Jésus Christ. L'occasion de la nouvelle guerre qu'on lui déclara fut l'invasion d'Attila

(1) Matth., v, 11, 12.

dans les Gaules. Ce farouche conquérant, traî-
nant à sa suite trois cent mille combattants
tirés de toutes les nations, tartares, scythiques,
sarmates, scandinaves et germaines, avait
d'abord attaqué l'Orient et obtenu du jeune
empereur Théodose une honteuse soumission.
Mais Marcien, successeur de Théodose, ayant
tenu une conduite toute différente et s'étant
mis en état de défense, le roi des Huns tourna
ses efforts et sa fureur contre l'Occident, où
tout semblait lui offrir, dans la Gaule démem-
brée et dans l'Italie corrompue, une proie
facile. Il s'avança vers le Rhin, et la terreur
marchait devant lui; la ruine de plusieurs
villes qu'il avait détruites pour les punir de
leur résistance épouvantait les autres; elles lui
ouvraient leurs portes; les femmes, les vieil-
lards, les enfants espéraient éviter la mort en
se précipitant dans la servitude, et la jeunesse
gauloise, indignée, cherchait dans les camps un
asile que ne lui offraient plus des remparts
qu'on ne lui permettait pas de défendre. Nous
avons de saint Grégoire de Tours quelques
pages qui marquent l'effroi inspiré par cet
homme, qui voulait, disait-il, que jamais mois-

son ne repoussât dans les lieux où son cheval
aurait passé, et qui s'appelait lui-même le *fléau
de Dieu*. « Le bruit s'était répandu, écrit saint
Grégoire, que les Huns voulaient faire une
irruption dans les Gaules. Il y avait en ce temps
dans la ville de Tongres un évêque d'une grande
sainteté, nommé Arvutius. Adonné aux veilles
et aux jeûnes, souvent baigné d'une pluie de
larmes, il suppliait la miséricorde de Dieu de
ne pas permettre l'entrée des Gaules à cette
nation incrédule et toujours indigne de lui.
Mais, ayant été averti par inspiration qu'à cause
des fautes du peuple ce qu'il demandait ne lui
serait pas accordé, il résolut de gagner la ville
de Rome, afin que la protection des mérites
apostoliques, unie à ses prières, lui obtînt plus
facilement ce qu'il demandait humblement au
Seigneur. S'étant donc rendu au tombeau du
saint apôtre, il sollicitait le secours de sa bien-
veillance, se consumant dans une grande absti-
nence et un jeûne continuel, de sorte qu'il était
deux à trois jours sans manger et ne mettait
point d'intervalle dans ses oraisons. Étant demeuré dans cette affliction pendant l'espace de
beaucoup de jours, on rapporte qu'il reçut

cette réponse du bienheureux apôtre : « Pourquoi me tourmentes-tu, très-saint homme? Il a été irrévocablement fixé par les décrets du Seigneur que les Huns viendront dans les Gaules, et que ce pays sera ravagé par la plus terrible tempête. Maintenant donc prends ta résolution, fais une prompte diligence, dispose ta maison, prépare ta sépulture; aie soin de te munir d'un linceul blanc. Tu quitteras ton enveloppe mortelle, et tes yeux ne verront pas les maux que les Huns doivent faire à la Gaule. Ainsi l'a dit le Seigneur notre Dieu. »

« Après avoir reçu cette réponse du saint apôtre, le pontife hâte son voyage et regagne promptement la Gaule. Étant arrivé à la ville de Tongres, il apprête aussitôt ce qui lui était nécessaire pour sa sépulture; et, disant adieu aux ecclésiastiques ainsi qu'au reste des habitants de la ville, il leur annonça qu'ils ne verraient plus longtemps son visage; et, ceux-ci le suivant avec des larmes et des gémissements, le suppliaient humblement en disant : « Saint père, ne nous abandonnez pas! ne nous oubliez pas, bon pasteur! » Mais, comme leurs pleurs ne pouvaient le retenir, ils s'en retournèrent après avoir reçu sa bénédiction et ses baisers. Lui donc, étant allé à la ville d'Utrecht, fut attaqué d'une légère fièvre, et abandonna son corps; et, ayant été lavé par les infidèles, il fut enterré au pied du rempart public.

« Les Huns, étant donc partis de la Pannonie, vinrent, dépeuplant le pays, à la ville de Metz, où ils arrivèrent, ainsi que quelques-uns le rapportent, la veille du saint jour de Pâques. Ils livrèrent la ville aux flammes, passèrent les habitants au fil de l'épée, et égorgèrent même les prêtres du Seigneur devant les autels sacrés. Rien n'échappa à l'incendie que l'oratoire de Saint-Étienne. Je n'hésite pas à raconter ce que j'ai entendu dire à quelques-uns au sujet de cet oratoire. Ils rapportent qu'avant l'arrivée des ennemis ils eurent une vision dans laquelle leur apparut ce pieux fidèle, le bienheureux diacre Étienne, s'entretenant avec les saints apôtres Pierre et Paul sur tous ces ravages, et disant : « Je vous conjure, Messeigneurs, d'empêcher par votre intercession que nos ennemis ne brûlent la ville de Metz; car dans un endroit de cette ville sont les restes de mon pauvre corps; mais plutôt que les habitants connaissent que je peux quelque chose auprès du Seigneur, et que si les crimes du peuple se sont tellement accumulés que la ville ne puisse éviter l'incendie, que mon oratoire en soit au moins préservé. » Ils lui répondirent : « Va en paix, très-cher frère, l'incendie ne respectera que ton oratoire. Quant à la ville, nous ne pouvons rien obtenir, parce que la volonté divine a déjà prononcé la sentence; car les péchés du peuple se sont accumulés, et le cri de sa méchanceté est monté jusqu'en présence de Dieu : la ville sera donc consumée par cet incendie. » D'où il est hors de doute que c'est par leur intercession que, dans la désolation de la ville, l'oratoire est resté intact.

« Cependant Attila, roi des Huns, ayant quitté la ville de Metz, et ravageant impunément les cités des Gaules, vint mettre le siége devant Orléans, et tâcha de s'en emparer en l'ébranlant par le choc puissant du bélier. Vers ce temps-là, cette ville avait pour évêque le bienheureux Aignan, homme d'une éminente sagesse et d'une louable sainteté, dont les actions vertueuses ont été soigneusement conservées parmi nous. Et, comme les assiégés de-

mandaient à grands cris à leur pontife ce qu'ils
avaient à faire, celui-ci, mettant sa confiance
en Dieu, les engagea à se prosterner tous pour
prier et implorer avec larmes le secours du
Seigneur, toujours présent dans les calamités.
Ceux-ci s'étant mis à prier selon son conseil,
le pontife dit : « Regardez du haut des remparts de la ville si la miséricorde de Dieu vient
à notre secours. » Car il espérait, par la miséricorde de Dieu, voir arriver Aétius, que,
prévoyant l'avenir, il avait été trouver à Arles ;
mais, regardant du haut des murs, ils ne virent personne, et l'évêque leur dit : « Priez
avec zèle, car le Seigneur vous délivrera aujourd'hui. » Ils se mirent à prier, et il leur dit:
« Regardez une seconde fois ; » et, ayant re-
gardé, ils ne virent personne qui leur apportât
du secours. Il leur dit une troisième fois : « Si
vous le suppliez sincèrement, Dieu va vous
secourir promptement. » Et ils imploraient la
miséricorde de Dieu avec de grands gémissements et de grandes lamentations. Leur oraison
finie, ils vont, par ordre du vieillard, regarder
pour la troisième fois du haut du rempart, et
aperçoivent de loin comme un nuage qui s'élève

de la terre. Ils l'annoncent au pontife, qui
leur dit : « C'est le secours du Seigneur. »
Cependant les remparts, ébranlés déjà sous les
coups du bélier, étaient au moment de s'écrou-
ler, lorsque voilà Aétius qui arrive, voilà Théo-
doric roi des Goths, ainsi que Thorismond son
fils, qui avancent vers la ville à la tête de leurs
armées, renversant et repoussant l'ennemi. La
ville ayant donc été délivrée par l'intercession
du saint pontife, ils mettent en fuite Attila,
qui, se jetant dans les plaines de Méry, se dispose au combat; ce que les Orléanais appre-
nant, ils se préparent à lui résister avec courage. »

CHAPITRE X

Frayeur des Parisiens à l'approche d'Attila. — Ils veulent abandonner leur ville pour se mettre en sûreté. — Geneviève les détourne de ce projet. — Danger qu'elle court en cette circonstance. — Arrivée de l'archidiacre d'Auxerre, qui la sauve d'une perte assurée.

Il semblait naturel qu'Attila, après s'être emparé de Metz et des autres villes qui se trouvaient sur son passage, marchât sur Paris, qui lui offrait une proie riche et facile. Les Parisiens, croyant déjà le voir à leurs portes et désespérant de pouvoir lui résister, ne soupçonnèrent plus de salut pour eux que dans la fuite, et se hâtèrent de rassembler ce qu'ils avaient de plus précieux, afin de l'emporter avec eux dans les lieux où ils voulaient chercher un asile.

Ils étaient sur le point d'exécuter leur dessein, lorsque Geneviève, éclairée par l'esprit de Dieu, rassemble les dames de la ville et les exhorte à se réunir pour désarmer la colère du Seigneur, par les veilles, le jeûne et la prière; elle leur rappelle que c'est par des moyens semblables qu'Esther et Judith ont désarmé autrefois le courroux de Dieu et sauvé leur peuple près de périr. Sa voix fut entendue; un grand nombre de femmes, suivant son conseil, se renfermèrent dans le baptistère (1) pour veiller avec elles. Toutes ensemble, elles disaient comme Judith : « Seigneur, que nos ennemis périssent, eux qui s'appuient sur leur grande multitude, et qui se glorifient dans leurs chariots, dans leurs dards, dans leurs boucliers, dans leurs flèches et dans leurs lances, et qui ne savent pas que c'est vous qui êtes notre Dieu, vous qui dès le commencement exterminez les armées; et que votre nom est le Seigneur. Élevez votre bras comme vous avez fait autrefois; brisez leur force par votre force; que votre colère fasse tomber devant vous ceux qui se promettent de souiller votre sanctuaire,

_____

(1) Il était situé dans l'ancienne église appelée depuis Saint-Jean-le-Rond, près Notre-Dame, et qui servait elle-même de baptistère à la cathédrale.

de déshonorer le tabernacle de votre nom, et de renverser avec leur épée la majesté de votre autel (1). » Elles disaient avec Esther : « Seigneur, assistez-nous dans l'abandon où nous sommes, puisque vous êtes le seul qui nous puissiez secourir. Le péril où nous nous trouvons est présent et inévitable. Nous avons péché devant vous, et c'est pour cela que vous nous avez livrés entre les mains de nos ennemis. Mais maintenant ils ne se contentent pas de nous opprimer par une dure servitude; ils attribuent la force de leurs bras à la puissance de leurs idoles. Ils veulent renverser vos promesses, exterminer votre héritage, fermer la bouche à ceux qui vous louent, et éteindre la gloire de votre temple et de votre autel, pour ouvrir la bouche des nations, pour faire louer la puissance de leurs idoles et pour relever à jamais un roi de chair et de sang. Seigneur, n'abandonnez pas votre sceptre à ceux qui ne sont rien, de peur qu'ils ne se rient de notre ruine; mais faites retomber sur eux leurs mauvais desseins, et perdez celui qui a commencé

(1) Judith, ix, 9, 10, 11.

à nous faire ressentir les effets de sa cruauté. Souvenez-vous de nous, Seigneur; montrez-vous à nous dans le temps de notre affliction; délivrez-nous par votre puissante main, et assistez-nous, Seigneur, vous qui êtes notre unique secours (1). »

Sainte Geneviève chercha aussi à persuader aux hommes que leur projet de quitter Paris était insensé, les assurant que cette ville n'avait rien à craindre, tandis que celles où ils voulaient chercher un asile seraient livrées au pillage et n'offriraient bientôt plus qu'un monceau de ruines. « Attila, leur disait-elle, ne viendra pas même attaquer Paris; il s'en détournera pour aller porter ses fureurs d'un autre côté. Restez donc dans vos demeures, et croyez que la protection du Ciel ne vous manquera pas si vous l'implorez avec confiance. »

Quelques-uns se rendirent à ces salutaires avis; mais le plus grand nombre se souleva contre celle qui les donnait, prétendant, dit un ancien auteur, que c'était « une sorcière qui s'efforçait d'endormir les Parisiens à leur

____

(1) Esther, xiv.

ruine. » Aussitôt ces malheureux conspirèrent
la perte de celle qui voulait les sauver. D'accord
sur le but, ils ne différaient plus que sur les
moyens d'exécuter leur projet criminel. Les uns,
pour assouvir plus complétement leur haine,
voulaient la faire périr sous une grêle de pierres ;
les autres, pour en finir plus tôt avec la servante
de Jésus-Christ, qu'ils traitaient de fausse pro-
phétesse, étaient d'avis qu'on la précipitât dans
la Seine.

Le péril était imminent, et Geneviève n'avait
rien à opposer à la fureur de ses ennemis que
son innocence et ses larmes. Mais Dieu, qui ne
laisse point le faible sans appui, voulut que
l'heure qui devait marquer le supplice de la
sainte fût celle de son triomphe.

Il arriva en effet que, dans ce même temps,
l'archidiacre d'Auxerre vint à Paris et s'informa
de Geneviève. On lui dit et le conseil qu'elle
avait donné, et le danger que couraient ses
jours. A cette nouvelle, l'archidiacre frémit,
et, se hâtant d'aller trouver les ennemis de la
sainte : « Que faites-vous ? leur dit-il ; vous
voulez punir comme une criminelle celle que
Dieu a élue dès le sein de sa mère ? Oui, Dieu

l'a choisie spécialement; ainsi nous l'avons appris de Germain, notre bienheureux évêque, et voici des eulogies (1) que je lui apporte de sa part. »

Au nom du pieux évêque d'Auxerre, la multitude, qui était pour lui pleine de vénération, et qui se rappelait comment une fois déjà il avait prouvé l'innocence de Geneviève attaquée par la calomnie, prit des sentiments tout différents de ceux qui l'animaient un instant auparavant; et, passant des transports de la haine à ceux de l'admiration, elle se mit à célébrer à haute voix les louanges de l'humble vierge de Nanterre.

Cependant l'événement justifia la prédiction de Geneviève : Attila, déjà prêt à fondre sur Paris, changea tout à coup de dessein et prit une autre direction, marquant partout son passage par la dévastation; en sorte que ceux qui avaient cherché leur salut dans la fuite eurent bientôt lieu de se repentir de leur con-

____

(1) Les eulogies étaient des présents de choses bénites qu'on s'envoyait en signe d'union et d'amitié. Cette pieuse institution a été remplacée par le pain bénit qui se distribue tous les dimanches.

duite. Il y a dans l'Ancien Testament un fait qui a trop de ressemblance avec celui-ci pour que nous ne le rapportions pas. Lorsque Nabuchodonosor s'empara de Jérusalem sous le règne de Sédécias, un certain nombre de Juifs ne furent point transportés à Babylone, et eurent la permission de rester dans la ville conquise. Ces Juifs vinrent trouver le prophète Jérémie et lui dirent : « Recevez favorablement notre très-humble supplication, et priez le Seigneur votre Dieu pour nous, pour ce petit reste de tout son peuple, en étant demeuré si peu d'une si grande multitude d'hommes, comme vous le voyez de vos propres yeux ; afin que le Seigneur votre Dieu vous découvre la voie par laquelle nous devons marcher et ce que nous devons faire. Que le Seigneur soit témoin entre nous, ajoutèrent-ils, de la vérité et de la sincérité de la parole que nous vous donnons, de faire tout ce que le Seigneur votre Dieu vous aura ordonné de nous dire. »

Dix jours après le Seigneur parla à Jérémie. Celui-ci appela les principaux officiers de guerre et tout le peuple, depuis le plus petit jusqu'au plus grand, et il leur dit : « Voici ce que dit le

Seigneur, le Dieu d'Israël, auquel vous avez voulu que je m'adressasse pour présenter vos prières devant sa face : Si vous demeurez en repos dans ce pays, je vous édifierai et ne vous détruirai point ; je vous planterai et ne vous arracherai point ; car je suis déjà apaisé par le mal que je vous ai fait. Ne craignez point le roi de Babylone, qui vous fait trembler ; ne le craignez point, dit le Seigneur, parce que je suis avec vous pour vous sauver et pour vous tirer d'entre ses mains. Je vous ferai même trouver grâce devant lui ; il aura pitié de vous et vous fera demeurer en paix dans votre pays. Que si, refusant d'obéir à la voix du Seigneur votre Dieu, vous dites : Nous ne demeurerons point dans cette terre ; si vous répondez : Nous n'en ferons rien, mais nous nous retirerons en Égypte, où nous ne verrons point la guerre, où nous n'entendrons point le bruit des trompettes, où nous ne souffrirons point la faim, et nous y demeurerons en paix ; écoutez maintenant sur cela la parole du Seigneur : L'épée que vous craignez tant vous surprendra dans l'Égypte, la famine qui vous donne tant d'inquiétude s'y attachera à vous, et vous y mourrez.

Tous ceux qui se seront opiniâtrés à se retirer en Égypte pour y demeurer mourront par l'épée, par la famine et par la peste; il n'en demeurera pas un seul, et nul n'échappera aux maux que je ferai tomber sur eux (1). »

La chose arriva comme le prophète Jérémie l'avait prédit.

CHAPITRE XI

Crédit de Geneviève auprès des grands. — Elle recouvre l'estime des Parisiens. — Siége de Paris. — Famine horrible. — Geneviève, par son zèle et sa charité, procure des vivres aux habitants.

Les vertus de Geneviève, sa charité inépuisable, son dévouement à toutes les souffrances, les bienfaits qu'elle répandait partout sur son passage, lui donnèrent de bonne heure un

(1) Jérém., XLII.

crédit considérable auprès des grands. Nous en trouvons dans son histoire une preuve éclatante. Childéric, père de Clovis, en marchant avec les Romains, passait souvent par Paris. Ses troupes campaient dans les plaines voisines, et leur roi même logeait dans le camp. Il arriva qu'un soldat se rendit coupable de maraudage. Il fut surpris en flagrant délit et conduit à Childéric, qui, voulant frapper par un exemple terrible ceux qui seraient tentés de l'imiter, le condamna à mort. Si cette sévérité était nécessaire au maintien de la discipline, elle ne laissait pas d'exciter la pitié en faveur du coupable. Ceux qui s'intéressaient plus particulièrement au sort de ce malheureux avertirent Geneviève du danger qu'il courait, et la prièrent d'intercéder en sa faveur auprès du roi. Geneviève se mit aussitôt en devoir d'aller trouver Childéric, qui était dans la ville; mais ce prince, averti qu'elle voulait lui parler, se douta du sujet qui l'amenait vers lui, et, craignant de ne pouvoir résister aux sollicitations de cette sainte fille, il se hâta de sortir de Paris pour faire exécuter ses ordres. Il avait commandé de fermer les portes derrière lui; cette

précaution fut inutile : Geneviève se les fit ouvrir, et rejoignit le roi, qui ne put lui refuser
la grâce du coupable.

Depuis que Dieu avait marqué d'une manière
si évidente sa protection à l'égard de Geneviève, elle recevait tous les jours des Parisiens
des témoignages de reconnaissance et d'admiration, et ils n'entreprenaient rien sans la
consulter. Aussi éprouvèrent-ils plus d'une
fois encore les effets de sa puissante intercession
auprès de Dieu et de son inépuisable charité.
A cette époque, les Francs n'occupaient encore
que le nord de la Gaule, et Paris n'était point
sous leur domination. Il arriva que le roi
Clovis, jaloux d'étendre de plus en plus la
puissance de sa nation, vint assiéger cette ville
avec une armée nombreuse, et la réduisit en
peu de temps à la plus affreuse disette. Tous
les habitants étaient consternés; ils ne voulaient pas se rendre, et ils comprenaient que
leur résistance allait coûter la vie à une foule
d'infortunés. Les mères, pressant leurs enfants
sur leur sein, demandaient en vain quelques
aliments pour les aider à soutenir une existence
qui leur était plus chère que leur propre vie;

les vivres étaient si rares, qu'il leur fallait renoncer à l'espoir d'obtenir ceux qui leur étaient nécessaires. Geneviève ne put supporter le spectacle de tant de misères sans essayer d'y apporter quelque remède; elle entreprit de se rendre à Arcis-sur-Aube, afin d'en rapporter des vivres. C'était un voyage très-long pour cette époque, et surtout il n'était pas sans danger; il fallait remonter la Seine et l'Aube, et il y avait dans l'une de ces deux rivières un passage si difficile, que presque tous les bateaux qui osaient s'y engager périssaient ou n'en sortaient que fort endommagés. Geneviève ne s'effraya pas de cet obstacle, que l'on disait insurmontable; elle s'embarqua sans crainte, parce qu'elle avait mis son voyage, comme elle faisait pour toutes ses entreprises, sous la protection du Ciel. Elle savait, sur la parole de Jésus-Christ, que la foi est capable de transporter des montagnes, et qu'il n'est rien que la prière ne puisse obtenir lorsqu'elle est faite avec l'esprit que Dieu veut que nous y apportions. Sur cette assurance, elle n'hésita pas, elle, pauvre et simple fille, à entreprendre une navigation qui effrayait les hommes les plus intrépides et les mieux éprouvés. Quand on fut arrivé à l'endroit du péril, elle commanda aux bateliers de la déposer à terre et d'y venir avec elle. Lorsqu'ils y furent, elle leur montra un arbre, leur fit comprendre que c'était toute la cause du danger et leur dit de l'abattre. Ils se mirent aussitôt en devoir de lui obéir, et tandis qu'ils frappaient à coups de hache, Geneviève priait avec ferveur. Bientôt on vit l'arbre s'incliner et se déraciner comme de lui-même; et depuis ce temps aucun bateau ne périt en cet endroit.

Dès que Geneviève fut arrivée à Arcis, elle employa tout son zèle à solliciter la charité des habitants en faveur des malheureux Parisiens. Partout où elle s'adressa sa voix fut entendue, et en peu de temps elle eut réuni assez de vivres pour en charger onze bateaux. Elle se remit en route avec ces provisions abondantes, rendant grâces à Dieu, qui avait permis que sa mission eût un si heureux succès. Pendant quelque temps les barques, portées doucement par le courant, eurent à peine besoin d'être dirigées, et tout faisait espérer qu'elles arriveraient sans encombre jusqu'au lieu de leur destination,

Mais lorsqu'on eut fait environ la moitié de la route, il s'éleva subitement une violente tempête. La rivière, tout à l'heure si calme, devint fortement agitée, et les barques furent jetées par la fureur de l'ouragan entre des arbres et des rochers, d'où elles ne pouvaient se dégager. Déjà l'eau y pénétrait de toutes parts, et commençait à les faire pencher du côté où les entraînait le poids des marchandises. Tout le monde tremblait en songeant que l'espoir de tant d'infortunés était sur le point d'être détruit. Geneviève seule ne se laissait point aller à ces frayeurs; non qu'elle fût indifférente au malheur qui résulterait pour tout un peuple de la perte de ces bateaux : qui plus qu'elle, au contraire, devait en être profondément touché? Mais plus le péril était imminent, plus elle sentait redoubler sa foi. Elle se prosterna donc humblement; et, s'adresant à Celui qui calme à son gré les tempêtes, elle lui demanda dans une fervente prière d'avoir pitié de tant d'infortunés, qui n'avaient plus d'autres ressources pour soutenir leur existence que les secours qu'elle s'efforçait de leur porter. Ses vœux furent exaucés : à l'instant même les barques

se redressèrent et recommencèrent à voguer en
paix sur le fleuve devenu tranquille. Un prêtre
nommé Bessus, qui avait ressenti un grand
effroi au milieu du danger, se voyant, avec
ses compagnons de voyage , sauvé si miraculeusement , ne put s'empêcher de faire éclater
sa joie en chantant tout haut ces paroles de
la sainte Écriture : « C'est à Dieu que nous
devons notre salut et notre délivrance ; il est
venu à notre aide et nous a couverts de sa protection. » Et tous s'unirent à lui pour rendre
des actions de grâces à Celui dont la main toute-
puissante venait de les arracher à une mort
presque certaine.

Il est inutile de dire avec quelle joie Geneviève fut reçue par les Parisiens lorsqu'elle
rentra dans leurs murs. Tous l'appelaient leur
libératrice et ne pouvaient lui marquer assez
de reconnaissance , tandis que cette sainte fille
les engageait à oublier les efforts qu'elle avait
tentés pour eux, et à rapporter à Dieu tout
le bien qu'il avait daigné faire par ses mains.
Au reste, ce n'était pas assez pour Geneviève
d'avoir obtenu des vivres et de les avoir fait
parvenir à Paris, il fallait encore les distribuer

avec prudence ; car la charité aussi a sa prudence ; et il ne suffit pas, pour pratiquer di-
gnement cette vertu, de répandre à pleines
mains les dons et les aumônes ; il est nécessaire
en outre d'y apporter ce discernement qui empêche que nous ne soyons trompés, et rend la
répartition de nos dons plus juste sans la rendre
moins généreuse. Geneviève usa donc de cette
prudence toute chrétienne, et distribua du blé
à chacun selon ses besoins. Souvent elle se
chargeait de faire elle-même cuire le pain, et
le partageait ensuite entre ceux qui souffraient
le plus de la disette. Mais, comme parmi les
pauvres il s'en trouvait quelques-uns qui, loin
de souffrir leurs maux avec patience, murmu-
raient et offensaient Dieu, elle leur donnait des
pains entiers pour arrêter le blasphème sur
leurs lèvres. Les filles qui l'aidaient à faire
cuire ces pains, voyant que le nombre diminuait
même dans le four, ne savaient que penser, et
recherchaient avec soin ceux qui pouvaient les
avoir dérobés. Elles rencontrèrent plusieurs de
ces pauvres gens à qui leur charitable maîtresse
les avait donnés, et qui la bénissaient à haute
voix d'avoir ainsi exercé sur eux une double

charité, en empêchant leur âme de se livrer au péché, et en donnant à leur corps le pain qui devait les sauver d'une mort certaine. C'est ainsi qu'elles découvraient les bienfaits dont Geneviève se plaisait à combler secrètement les malheureux qui l'imploraient dans leur détresse (1).

CHAPITRE XII

Crédit de Geneviève auprès des Parisiens. — Elle fonde un monastère. — Histoire de Célinie, l'une des premières vierges qui entrèrent dans cette pieuse maison.

Geneviève avait une seconde fois sauvé les Parisiens; l'envie n'osait plus désormais s'attaquer à ses vertus, ou plutôt il semblait que ceux qui s'étaient le plus efforcés de noircir sa réputation par leurs calomnies voulussent

(1) Charpentier, ii, 50.

4*

réparer leurs injustices à son égard. Tous, en effet, se plaisaient à proclamer sa sagesse, à confesser qu'elle était animée et éclairée de l'esprit de Dieu, à reconnaître l'efficacité de ses prières, à se mettre sous sa protection, à se conduire en tout par ses avis; les vierges la suppliaient de leur servir de mère; les veuves voulaient apprendre d'elle à sanctifier leur viduité; les unes et les autres croyaient ne pouvoir marcher sûrement que sous ses pieux auspices. Ce fut pour céder à tant d'instances qu'elle fonda un monastère qui s'appela depuis monastère des Audriettes, du nom de sainte Alde ou Aude, la plus célèbre des saintes filles qui vécurent dans cette maison.

Une des premières vierges qui vinrent s'enfermer dans cette retraite offerte à l'innocence fut une jeune personne nommée Céline ou Célinie. Naissance, fortune, esprit, beauté, elle possédait tous les avantages naturels qui peuvent procurer dans le monde un brillant établissement. Aussi n'avait-elle pas tardé à être recherchée en mariage par plusieurs jeunes gens. Quoique Célinie fût dès lors d'une grande piété, persuadée que notre sainteté ne dépend pas de l'état que nous embrassons, mais de la manière dont nous nous y conduisons, elle n'avait marqué aucune répugnance pour accepter un époux. Elle était donc fiancée à un jeune homme de grande espérance qui avait conçu pour elle une violente passion, et rien ne semblait devoir contrarier l'accomplissement de cette union. Mais Dieu, qui tient dans ses mains tous les cœurs et qui les incline à son gré, destinait Célinie à de plus augustes nœuds.

Célinie habitait Meaux; sainte Geneviève ayant fait un voyage dans cette ville, elles eurent occasion de se voir : il est facile d'imaginer quelle dut être leur entrevue. Geneviève, depuis longtemps consacrée à Dieu, n'avait plus rien à craindre des tempêtes du monde; elle les regardait en quelque sorte de loin, comme le marin retiré dans le port considère la fureur des vagues auxquelles il vient d'échapper. Aussi tout respirait en elle ce calme et cette sérénité qui semblent un avant-goût des douceurs du ciel. Célinie ne put voir sans en être profondément touchée cet éclat de félicité angélique répandu sur toute la personne de la vierge de Nanterre. Elle se demanda si elle aussi ne pouvait pas aspirer au même bonheur, à la même tranquillité d'âme. C'est dans la vivacité de ce nouveau désir qu'elle alla trouver Geneviève. Cette démarche seule indiquait assez que la grâce avait déjà parlé à son cœur. Il n'y eut donc pas besoin de longs discours pour la convaincre de la vanité des biens du siècle et de la réalité du bonheur de se donner à Dieu. En quelques mots Geneviève lui fit comprendre qu'elle ne trouverait dans le monde aucune joie solide; que tout y était trouble et agitation sans fin, espérances brisées, illusions éphémères suivies de longs regrets. Elle ajouta qu'elle ne pouvait, sans se rendre coupable d'une grande faute, résister à la sainte inspiration par laquelle Dieu l'appelait si visiblement à lui. Dès qu'elle eut achevé, Célinie, rompant subitement avec tout ce qui pouvait lui rappeler un état où elle ne voulait plus vivre, se dépouilla de la riche parure dont elle était revêtue, et reçut des mains de Geneviève la tunique bleu de ciel et le manteau noir que portaient alors les vierges consacrées à Dieu, et qui servaient à les distinguer du reste des femmes.

Dès que le jeune homme qui était fiancé à Célinie apprit ce qui venait de se passer, il se hâta d'accourir à Meaux pour revendiquer ses droits. Il pleura, il pria, il menaça; tout fut inutile, la jeune vierge demeura inébranlable dans sa résolution. Alors, désespérant de triompher de sa constance, il jura, dans sa colère, de se venger d'elle un jour, aussi bien que de celle qui l'avait aidée à accomplir son projet.

Célinie courut aussitôt dire à sa sainte protectrice le danger qui les menaçait toutes deux. Geneviève ne craignit rien pour elle-même; mais elle crut devoir mettre en sûreté cette jeune fille qui s'était adressée à elle avec tant de confiance, et dont elle était devenue en quelque sorte la mère spirituelle. D'ailleurs elle savait que l'esprit de ténèbres ne dort jamais, et qu'il ne manquerait pas de saisir la moindre occasion qu'on lui laisserait de renouer les liens qui attachaient Célinie au monde et qu'elle venait de briser si courageusement. Elle prit donc le parti de fuir avec elle et de l'emmener loin de son fiancé. Elles se disposèrent sur-le-champ à quitter Meaux ; mais, comme elles allaient sortir de la ville, elles aperçurent le jeune homme qui venait à leur rencontre. Pour se soustraire à sa fureur, elles se dirigèrent vers l'église ; à leur approche les portes du baptistère s'ouvrirent d'elles-mêmes et leur donnèrent un sûr asile contre ses poursuites. Frappé de ce miracle, le jeune homme y reconnut la main de Dieu, et renonça des lors à ses injustes prétentions.

Geneviève, remerciant le Ciel d'avoir manifesté si visiblement sa volonté, conduisit Célinie dans la sainte retraite qu'elle avait ouverte à l'innocence. Elle y vécut longtemps dans le glorieux état de la virginité, et ne cessa de faire l'édification de ses compagnes par l'humilité avec laquelle elle pratiqua toutes les vertus. Après sa mort elle fut mise au rang de celles dont les fidèles invoquent le secours dans leurs prières, et sa mémoire est encore honorée dans les églises de Paris et de Meaux.

Saint Paul, s'adressant aux vierges, les exhorte à demeurer libres, n'ayant d'autre époux que l'Époux céleste ; et, voulant en donner la raison, il ne dit pas : « C'est afin que vous soyez dans une oraison plus éminente; » il dit: « Afin que vous ne soyez point dans un malheureux partage entre Jésus-Christ et un époux mortel, entre les exercices de la religion et les soins dont on ne peut se garantir quand on est dans l'esclavage du siècle; c'est afin que vous puissiez « prier sans empêchement; » c'est que vous auriez, dit-il, dans le mariage, « les tribulations de la chair, et je voudrais vous les épargner; » c'est, dit-il encore, que « je voudrais vous voir dégagées de tout embarras (1). » A la vérité, ce n'est pas un précepte; car cette parole, comme Jésus-Christ le dit dans l'Évangile (2), ne peut être comprise de tous. Mais heureux, même dès cette vie, ceux à qui il est donné de la comprendre, de la goûter et de la suivre! Ce n'est pas un précepte, mais un conseil de l'Apôtre plein de l'esprit de Dieu : c'est un conseil que tous n'ont pas le courage de suivre, mais qu'il donne à tous en général, afin qu'il soit suivi de ceux

(1) I Cor., vii, 25 et seq.
(2) Matth., xix, 11.

à qui Dieu mettra au cœur le goût et la force de le pratiquer (1). »

Ce conseil de la perfection, Célinie l'entendit, et ne recula devant aucun des sacrifices qu'il imposait. Richesses, brillant parti, joies recherchées, elle mit tout sous ses pieds, et, se faisant une sainte violence pour sortir du monde, elle dit avec le roi-prophète : « Il m'est bon d'être unie à Dieu. » Qui oserait prétendre qu'elle se soit trompée dans le choix qu'elle eut le courage de faire?

CHAPITRE XIII

Dévotion de Geneviève envers saint Denis et ses compagnons. — Elle prend la résolution de leur élever un temple. — Miracles par lesquels Dieu seconde ce pieux dessein.

Quelques auteurs ont prétendu que la religion chrétienne avait été prêchée dans une

(1) Bossuet, *Entretiens sur la vie religieuse.*

partie des Gaules par saint Luc, et surtout par saint Crescent, disciple de saint Paul. On sait d'ailleurs que, pendant le IIe siècle, saint Irénée étendit beaucoup dans cette contrée le royaume de Jésus-Christ. Cependant la lumière de l'Évangile ne pénétra pas sitôt jusqu'au nord de la Gaule; ce ne fut que vers le milieu du IIIe siècle qu'elle se répandit sur tous les points de ce pays. À cette époque, saint Fabien, qui occupait le siége de Rome, envoya en Gaule sept missionnaires, au nombre desquels étaient saint Martial de Limoges, saint Gatien de Tours, et saint Denis, qui s'avança plus loin que les autres et alla se fixer à Paris. C'est à ce dernier ou à ses disciples que la religion fut redevable de la fondation des églises de Chartres, de Senlis, de Meaux, de Cologne et de quelques autres qui florissaient dans le IVe siècle.

Après avoir converti à la foi un grand nombre d'idolâtres et rempli avec un zèle tout apostolique les fonctions de l'épiscopat, saint Denis termina sa carrière par un glorieux martyre. On pense généralement qu'il souffrit pendant la persécution de Valérien, en 272, et

qu'il périt par le glaive avec le prêtre Rustique
et le diacre Éleuthère. Les trois martyrs furent jetés dans la Seine ; mais une femme chrétienne nommée Catula trouva moyen de les en
retirer et de les enterrer honorablement près
du lieu où ils avaient été décapités. Les fidèles bâtirent dès lors une chapelle sur leur
tombeau.

Cette chapelle était déjà détruite depuis longtemps, lorsqu'en 469 Geneviève, qui avait une
dévotion particulière à saint Denis et à ses
compagnons, voulut leur donner un témoignage particulier de sa vénération en faisant
élever un temple en leur honneur sur le lieu
même où ils avaient reçu la sépulture. Mais que
pouvait une humble et simple fille sans fortune
et sans nom pour une entreprise aussi considérable ? Où trouver les ressources nécessaires
à la construction d'un édifice digne du saint
apôtre de la France et de ses généreux compagnons ? Geneviève cependant ne se décou-
rage pas ; elle sait que Dieu est toujours prêt
à nous venir en aide dans les choses que nous
faisons pour sa gloire, et plus d'une fois elle
a éprouvé par elle-même que sa puissante pro-

tection ne manque point à ceux qui savent l'invoquer selon le véritable esprit de la religion. Elle place donc en lui toute son espérance pour le succès de son pieux projet, et ne doute pas qu'il ne le fasse réussir au delà de ses vœux, s'il doit y trouver la gloire et l'honneur dus à son nom divin.

Il peut arriver néanmoins que nous nous fassions illusion même pour les œuvres les plus saintes. Parce que nous nous sommes dit que c'est pour Dieu que nous les entreprenons, nous nous figurons que cela suffit, et qu'après, tout doit réussir au gré de nos désirs. Nous ne voyons pas que sous cette apparence de zèle se cache encore un reste d'amour-propre, et que, sous prétexte de plaire à Dieu, c'est seulement notre satisfaction personnelle que nous cherchons. Ce n'est pas ainsi qu'agit la véritable humilité. Pleine de la plus entière confiance dans le secours du Ciel, elle n'en attend pas moins avec une patience et une soumission parfaites ce qu'il lui plaît d'ordonner, certaine qu'il n'accorde et ne refuse rien que selon les lois de sa bonté et de sa justice infinies. Surtout l'humilité ne se fie point à ses

propres pensées, et s'en remet toujours aux
avis de quelques personnes d'une prudence
éprouvée. C'est pourquoi Geneviève n'eut pas
plutôt conçu le dessein dont nous venons de
parler, qu'elle se hâta d'en faire part aux prêtres
du bourg de Catule (1), où les précieuses reliques étaient déposées. Élever une basilique
en l'honneur de ceux qui étaient venus planter
la foi dans les Gaules, consacrer la mémoire
du supplice qu'ils avaient souffert si généreusement pour le nom de Jésus-Christ, les
proposer comme des modèles à l'imitation de
tous, et par-dessus tout rendre gloire à Dieu,
qui est toujours si admirable dans ses saints
et qui fait par eux de si grandes choses ; un
tel projet devait être bien accueilli par des
ministres qui n'avaient d'autre pensée que
d'être agréables à ce même Dieu et de faire
connaître de plus en plus et respecter son nom.
Ils entendirent donc avec joie les paroles de
Geneviève, et ne doutèrent pas qu'elles ne fussent l'effet d'une inspiration du Ciel ; mais en
même temps ils éprouvèrent une grande afflic-

(1) Aujourd'hui Saint-Denis.

tion en pensant que cette sainte entreprise
était trop au-dessus de leurs forces et qu'elle
ne se réaliserait peut-être jamais. Ils ne ca-
chèrent pas à la pieuse vierge qu'ils conce-
vaient peu d'espoir de voir s'élever le temple
dont elle leur parlait, et, pour lui donner une
idée de la faiblesse de leurs ressources, ils
ajoutèrent qu'ils n'auraient pas même le moyen
de se procurer la chaux nécessaire pour commencer la construction de l'édifice. En ce moment Geneviève sent redoubler sa foi, elle lève
les yeux au ciel, elle prie avec ferveur; puis,
s'adressant aux prêtres qui étaient présents :
« Mes pères, s'écrie-t-elle d'un accent prophé-
tique, que quelqu'un de vous aille vers le pont
de la ville, et qu'il me rapporte ce qu'il y aura
entendu. »

Ces pieux ecclésiastiques, qui ne voyaient
plus en Geneviève une personne ordinaire, mais
une vierge privilégiée que Dieu éclairait de ses
lumières, et par la bouche de laquelle il faisait
entendre sa volonté, obéirent sur-le-champ et
sans hésitation. Ils se rendirent au lieu indi-
qué, et là ils écoutèrent avec soin s'il serait dit
quelque chose d'utile au dessein qu'avait conçu

Geneviève. Ils approchaient déjà du pont et n'avaient rien entendu encore, lorsque tout à coup ils aperçurent deux pâtres qui s'entretenaient ensemble; ils prêtèrent l'oreille à leur conversation, et ne furent pas peu surpris d'entendre l'un d'eux dire à l'autre : « Ce matin, en cherchant un de mes animaux qui s'était écarté du troupeau, j'ai trouvé non loin d'ici un endroit où il y a une prodigieuse quantité de chaux. — Et moi, répondit le second pâtre, ici près, à l'entrée de la forêt, j'ai fait la même découverte sous la racine d'un arbre nouvellement arraché. »

Les ecclésiastiques, bénissant Dieu dans leurs cœurs, allèrent aussitôt reconnaître les fours à chaux, et, s'étant assurés du lieu où ils étaient situés, ils vinrent rapporter à Geneviève la découverte miraculeuse du secours que le Ciel leur accordait. Il est inutile de dire quelle fut la joie de la sainte; autant elle avait montré de confiance en Dieu lorsqu'elle avait pris la résolution d'élever un temple aux saints martyrs, autant elle lui témoigna de reconnaissance lorsqu'il eut manifesté d'une manière si frappante sa volonté. Mais en même temps, voulant répondre par son zèle à cette faveur extraordinaire de la divine providence , elle s'adressa aux habitants de Catule , et, usant auprès d'eux de tout le crédit que lui donnait son immense charité , elle les sollicita de concourir de tous leurs moyens à une œuvre commencée sous de si favorables auspices. Ses exhortations furent entendues, et chacun s'empressa de mettre à sa disposition ce qu'il pouvait offrir pour la construction du pieux monument; quelques-uns voulurent y travailler de leurs propres mains , estimant qu'ils ne pouvaient être qu'agréables à Dieu en consacrant leurs forces à élever une basilique qui devait étendre et perpétuer la gloire de son nom.

Au reste , il plut au Seigneur de faire alors un nouveau miracle pour justifier la foi de sa servante et consoler la piété de ceux qui l'aidaient avec un si généreux empressement. Un jour, il faisait une chaleur excessive, et les ouvriers, épuisés de fatigue, n'avaient plus de vin pour réparer leurs forces. Le prêtre Génésius , qui était chargé de diriger la construction de l'édifice, en avertit notre sainte. Aussitôt elle se

jeta à genoux, et, versant des larmes abondantes, elle conjura Dieu d'avoir pitié de ces
pauvres gens et de venir à leur secours. Dès
qu'elle sentit que sa prière était exaucée, elle
se leva, prit entre ses mains le vase où il ne
restait plus rien de la liqueur qu'on y avait
mise pour les travailleurs; elle fit dessus le
signe de la croix, et au même instant il se
trouva de nouveau complétement rempli. L'auteur qui nous a transmis ce fait ajoute que,
tant que dura l'ouvrage, ce secours miraculeux
ne manqua pas un seul jour.

Ainsi Geneviève conçoit un projet dont l'exécution paraît presque impossible humainement;
elle n'a aucune ressource à sa disposition,
elle n'a d'autre éloquence pour persuader les
peuples de l'aider dans son œuvre que la charité dont elle est animée; et cependant, à peine
a t-elle fait part de sa pensée à quelques fidèles,
que Dieu lui-même vient lui offrir les moyens
de commencer l'entreprise qu'elle médite, et
lui fournit ensuite ceux de la continuer et de
l'achever. Soyons, comme la pieuse vierge de
Nanterre, pleins de confiance dans la puissance
et dans la bonté de Dieu, et, comme elle, nous

éprouverons la vérité de ces paroles de Notre-Seigneur : « Tout ce que vous demanderez en mon nom, vous l'obtiendrez. »

CHAPITRE XIV

Miracles opérés par Geneviève. — Elle guérit plusieurs possédés, particulièrement à Tours, en allant visiter le tombeau de saint Martin.

Avant la construction de l'église de Saint-Denis, il n'était point de lieu où Geneviève aimât autant venir se prosterner pour prier que le tombeau de ce saint martyr et de ses compagnons. Mais depuis qu'il avait plu à Dieu de faire en cet endroit de si grandes choses en sa faveur; depuis que les saintes reliques étaient déposées dans un temple digne d'elles, elle y venait plus fréquemment encore s'agenouiller sur la pierre du sanctuaire pour épancher librement son cœur devant le divin objet de son amour, pour le conjurer de ne pas laisser incomplète l'œuvre si heureusement commencée par saint Denis, pour lui demander de faire fructifier par toute la France la céleste semence de l'Évangile, en sorte qu'il ne restât plus le moindre vestige d'idolâtrie.

C'était d'ordinaire avant l'aurore que Geneviève se rendait à l'église des saints martyrs, et elle continuait d'y prier longtemps après le coucher du soleil, sans cesser de trouver dans cet exercice des délices toujours nouvelles. Elle avait surtout l'habitude de passer en pieuses veilles les nuits du samedi au dimanche, à l'imitation des premiers chrétiens, qui honoraient ainsi le jour du Seigneur. Elle menait presque toujours avec elle les jeunes filles qui vivaient sous sa direction dans la communauté qu'elle avait fondée. Comme elles se mettaient en route de grand matin, il leur fallait le plus souvent des lumières pour éclairer leur marche.

Un jour que le temps était mauvais, le cierge que l'une d'entre elles portait devant Geneviève s'éteignit tout à coup et les laissa dans une obscurité profonde. On se figure sans

peine quels devaient être le trouble et la frayeur
de ces jeunes vierges au milieu d'épaisses ténèbres, dans des chemins difficiles, qu'une
pluie abondante rendait encore plus périlleux.
Geneviéve seule ne se trouble pas; elle seule est
à l'abri des terreurs de la nuit, des dangers
des ténèbres, parce qu'elle a mis son espérance
dans le Très-Haut, et qu'elle croit à la parole
de Celui qui a dit : « Le mal n'approchera point
de vous; car le Seigneur a ordonné à ses anges
de vous garder dans toutes vos voies. Ils vous
porteront dans leurs mains, de peur que votre
pied ne heurte contre la pierre (1). » Elle demande le flambeau, et à peine on l'a remis
entre ses mains qu'il brille d'un éclat nouveau.
Pleine de joie à la vue de ce prodige, la pieuse
troupe continue sa marche en rendant à Dieu
des actions de grâces, et arrive sans autre acci-
dent au pied des saints autels.

Des miracles semblables se renouvelèrent
souvent en faveur de Geneviève; mais nous
avons hâte d'arriver à d'autres plus éclatants.
Il lui fut donné plusieurs fois de guérir de

____

(1) Ps. xc.

malheureux possédés en proie à des souffrances horribles.

Que l'incrédulité se rie du démon et de ses artifices ; pour nous, nous avons appris de l'Écriture qu'il y a « des esprits de malice répandus dans l'air (1) ; » que ces esprits sont « des Principautés, des Puissances ; » que leur chef suprême est « le fort armé (2), le prince du monde (3), le roi du siècle (4) ; » nous savons que depuis le jour où, voulant s'égaler au Très-Haut, il fut précipité du ciel, il est en proie à la rage et au désespoir (5), et qu'il tourne sa haine contre tout ce qui existe. L'Évangile nous apprend d'ailleurs que les démons entrent quelquefois dans le corps de certains hommes, et y exercent un tel empire, que ces malheureux deviennent véritablement les esclaves des esprits de ténèbres ; et nous voyons dans plus d'une circonstance le Sauveur chasser ces esprits malfaisants par la puissance de sa divine

(1) Ephes., vi, 2.
(2) Luc, xi, 21.
(3) Joann., xiii, 31.
(4) II Cor., iv, 4.
(5) Apocal., xi, 12.

parole. A l'époque où une partie de la France était encore idolâtre, il n'était pas rare de rencontrer quelques-uns de ces infortunés que le démon possédait et tourmentait horriblement dans leurs corps. Les exorcistes parvenaient à les guérir; mais ce n'était jamais sans user à leur égard de paroles dures et de mauvais traitements.

Geneviève n'avait point recours à ces moyens violents; ses armes étaient la prière et la mortification; c'est par là qu'elle forçait le démon à abandonner ses victimes.

Un jour on lui amena douze malheureux que cet esprit de ténèbres tourmentait cruellement. Elle fut émue jusqu'aux larmes des souffrances auxquelles ils étaient en proie. Mais la douleur qu'elle éprouvait n'était pas l'effet d'une vaine et stérile pitié : elle venait de cette ardente charité qui la faisait prendre part à tous les maux du prochain comme s'ils lui eussent été propres à elle-même, en sorte qu'elle ne voyait personne souffrir sans qu'elle cherchât à lui procurer quelque soulagement. Elle se mit donc aussitôt en prière, et conjura Notre-Seigneur de ne pas laisser ces infortunés plus longtemps à la merci des fureurs du démon. Tout le temps que dura son oraison, ceux-ci ne cessèrent de pousser des cris déchirants, comme cela avait presque toujours lieu quand les esprits de ténèbres se voyaient contraints de quitter les personnes dont ils s'étaient emparés. Elle commanda ensuite aux énergumènes d'aller à l'église de Saint-Denis. Comme ils refusaient, ou plutôt comme le démon qui était en eux refusait d'obéir, elle leur fit lier les mains derrière le dos et les contraignit de marcher en cet état, en leur enjoignant de se taire. Elle se rendit après eux dans le temple, et se remit à prier de toute la ferveur de son âme. Alors ils recommencèrent à pousser des cris affreux, en disant qu'ils voyaient venir ceux que Geneviève appelait à son secours. Elle se releva enfin, et s'approchant des infortunés qui lui avaient confié le soin de leur délivrance, elle fit sur chacun d'eux le signe auguste de la croix. Aussitôt une odeur infecte se répandit dans le temple, et fit connaître aux assistants que les esprits immondes abandonnaient leur proie.

Pénétrés de reconnaissance, les malheureux possédés bénirent mille fois le Seigneur du miracle qu'il venait d'opérer en leur faveur, et tout le peuple avec eux mêlait, dans des cantiques d'actions de grâces, le nom de Geneviève à celui du Très-Haut (1).

Geneviève, qui avait montré une si grande dévotion à saint Denis ainsi qu'aux deux saints Rustique et Éleuthère, qui étaient morts avec lui pour la foi, ne pouvait manquer d'avoir également une profonde vénération pour un autre saint qui avait, lui aussi, répandu dans le pays que nous habitons les divines lumières de l'Évangile, et que ses nombreux miracles ont fait appeler, à bon droit, le grand thaumaturge des Gaules. Nous voulons parler de saint Martin, évêque de Tours. Il n'est guère de saint dans l'Église, il n'en est point en France dont le nom soit plus connu et plus vénéré. Lorsque la foi vivait encore dans tous les cœurs, lorsqu'on ignorait ce que c'est que cet esprit de révolte et de sédition qui s'attaque aux choses les plus saintes, on accourait de toutes parts à la basilique de Saint-Martin, et les pèlerins qui s'y pressaient n'étaient pas moins nombreux que

(1) Charpentier, § 29.

ceux de Saint-Jacques de Compostelle ou de la Palestine. Les pauvres, les infirmes, tous les affligés y venaient chercher un soulagement à leurs maux; les grands et les rois y venaient s'humilier en s'agenouillant, avec cette foule pieuse de tous les rangs et de toutes les conditions, au tombeau du saint évêque; tous les fidèles y venaient demander quelques grâces, ou témoigner leur reconnaissance pour celles qu'ils avaient obtenues par l'intercession de saint Martin.

Au temps de Geneviève, il devait exister encore un grand nombre de personnes qui avaient pu voir le saint évêque de Tours, jouir de ses entretiens tout célestes, être témoins des merveilles que Dieu opérait par ses mains. Quelle ne devait donc pas être alors la dévotion à ce grand saint! Il y avait trop de rapport d'ailleurs entre les vertus que pratiquait Geneviève et celles qui avaient illustré saint Martin pour qu'elle ne lui témoignât pas une sorte de prédilection. Malgré la distance assez longue que la difficulté de voyager mettait alors entre Paris et Tours, elle entreprit donc avec joie ce pèlerinage. Elle ne le faisait que pour honorer saint Martin et pour puiser à son tombeau des leçons de parfaite humilité; mais là encore Dieu permit que sa puissance sur les démons parût avec éclat. Comme elle approchait de la ville, on vit tout à coup un grand nombre de possédés venir à sa rencontre. Les esprits malins qui tourmentaient ces malheureux criaient par leur bouche qu'ils se sentaient brûlés de nouvelles flammes depuis que sainte Geneviève était à Tours, et qu'ils souffraient, entre elle et saint Martin d'horribles supplices. Sans se troubler de leurs clameurs, Geneviève poursuit son chemin et se dirige vers le temple. Là elle se prosterne et prie. Bientôt, reconnaissant qu'elle est exaucée, elle se lève, fait sur les possédés le signe de la croix, et force le démon à se reconnaître vaincu et à fuir loin d'eux.

Pendant son séjour à Tours, elle guérit encore par ses prières trois femmes cruellement obsédées par le malin esprit. Le lendemain de ce miracle, elle assistait à l'office de la nuit dans l'église Saint-Martin. Retirée dans l'endroit le plus obscur du temple pour prier avec plus d'attention et se dérober aux regards des hommes, elle goûtait ces pures délices que Dieu verse dans les âmes qui lui sont fidèlement unies, lorsque tout à coup elle fut interrompue par un malheureux qui vint se jeter à ses pieds en implorant sa pitié. C'était un des|chantres de l'église, dont le démon venait de s'emparer. Geneviève conjure à l'instant l'esprit de ténèbres, et à sa voix il est forcé d'abandonner sa proie. Ce prodige, dont tout le monde fut témoin, attira à la pieuse vierge la vénération publique, et on lui rendait toute sorte d'honneurs lorsqu'elle passait dans les rues (1).

Il serait trop long de rapporter tous les miracles de ce genre qui furent opérés par notre sainte. Mais ceux dont nous venons de faire mention suffisent pour nous montrer quelle est la force de la prière, et combien Dieu se plaît à nous exaucer quand nous l'invoquons avec une foi vive et une ferme espérance, et que nous ne lui demandons rien qui ne soit dans l'ordre d'une parfaite charité.

(1) Charpentier, § 45.

CHAPITRE XV

Pieuse société qui se forme entre Geneviève, sainte Clotilde et saint Remi. — Leurs prières obtiennent de Dieu
la conversion de Clovis.

En instituant une maison où de saintes filles
se consacraient, sous sa direction, au service
de Dieu, en élevant un temple destiné à honorer la mémoire des premiers apôtres de la
France, en montrant surtout par ses exemples
les vertus qu'enfante l'Évangile, Geneviève
avait fait beaucoup pour la religion ; mais il
restait beaucoup à faire pour remplacer partout le culte des idoles par celui du vrai Dieu.
La pieuse vierge était vivement affligée de
voir encore un si grand nombre d'âmes sous
l'empire du démon. Tous les jours elle demandait au Seigneur d'éclairer des lumières de la
foi cette belle contrée; elle le priait surtout

de toucher le cœur du fils de Childéric, de ce Clovis, qui était connu par son courage et son habileté, mais dont les yeux étaient encore couverts des ténèbres de l'idolâtrie. Dieu, qui avait sur ce prince de merveilleux desseins, qui voulait en faire un instrument puissant pour étendre le règne de Jésus Christ, et qui le destinait à devenir la tige de cette longue suite de rois qui eurent la gloire d'être appelés les fils aînés de l'Eglise; Dieu suscita à côté de Geneviève deux autres âmes saintes qui mettaient comme elle tout leur bonheur à faire fructifier sur tous les points de la France la céleste semence de la foi, et demandaient en particulier au Ciel la conversion du roi des Francs : nous voulons parler de saint Remi, évêque de Reims, et de sainte Clotilde, épouse de Clovis.

Saint Remi n'avait que vingt-deux ans lorsqu'il fut élu pour remplir le siège épiscopal de Reims. Son mérite extraordinaire parut aux évêques de la province une raison suffisante pour lui accorder la dispense de l'âge requis par les canons. Le nouvel évêque se livra avec une ardeur incroyable à toutes les fonctions de son ministère. Il priait, il méditait les Écritures, il instruisait le peuple confié à ses soins; il travaillait sans cesse à la conversion des pécheurs, des hérétiques et des infidèles. Il annonçait les divins oracles avec tant de force et d'onction, que plusieurs l'appelaient un second saint Paul.

Les discours de saint Remi tiraient principalement leur force de la sainteté du prédicateur, qui pratiquait le premier les vérités qu'il annonçait aux autres. Dieu confirma aussi par le don des miracles la doctrine que prêchait son serviteur. Ce fut ainsi qu'il le prépara à devenir l'apôtre d'une grande nation. Dans le même temps que Clovis était encore adonné aux erreurs du paganisme, il traitait déjà avec bonté les chrétiens, et surtout les évêques; cependant on peut dire qu'il n'était point de prélat qu'il honorât à l'égal de saint Remi. C'était pour les fidèles un grand sujet de joie; car ils pensaient avec raison que le vertueux évêque de Reims persuaderait un jour à ce prince d'entrer dans le sein de l'Église.

Mais c'est particulièrement de la pieuse Clotilde que Dieu voulut se servir pour amener

Clovis à la foi catholique. Cette princesse, en s'efforçant tous les jours d'adoucir les mœurs farouches de son mari, le disposait insensiblement à embrasser la religion véritable. Étant devenue mère d'un fils qu'on nomma Ingomer, elle le fit baptiser. Le jeune prince mourut au bout de quelques jours, lorsqu'il portait encore l'habit blanc qu'on donnait dans l'église à ceux qui avaient reçu le baptême. Clovis fut vivement affligé de cette perte, et voulut en rendre Clotilde responsable. « Si l'on avait invoqué, lui dit-il, le nom de mes dieux sur mon fils, il vivrait encore ; mais parce qu'il a été baptisé au nom du vôtre, la mort me l'a enlevé. » La reine se contenta de lui répondre qu'elle s'estimait heureuse d'avoir mis au monde un enfant qui était en possession du royaume céleste. Quelque temps après elle accoucha d'un second fils, qui fut également baptisé et qui reçut le nom de Clodomir. Ce prince étant tombé malade, le roi, transporté de colère, dit à Clotilde : « Voilà l'effet de votre entêtement ; mon fils mourra comme son frère, pour avoir été baptisé au nom de votre Christ. » C'est ainsi que Dieu se plaisait à éprouver sa servante. Cependant il se laissa-toucher cette fois par ses prières, et le jeune prince recouvra la santé.

Jusque-là Clotilde n'avait pu déterminer son époux à renoncer au culte des idoles ; mais Dieu, dont la miséricorde est infinie, ménagea une circonstance favorable pour sa conversion. Les Suèves et les Allemands, ayant formé dans la Germanie une armée nombreuse, que commandaient plusieurs rois, passèrent le Rhin et vinrent attaquer les Francs pour leur enlever les riches dépouilles de l'empire romain dans les Gaules. Clovis résolut aussitôt de marcher contre eux. Clotilde lui dit à son départ : « Seigneur, vous allez à la guerre ; mais si vous voulez vaincre, invoquez le Dieu des chrétiens. Il est le seul maître de l'univers, et il s'appelle le Dieu des armées. Si vous vous adressez à lui avec confiance, rien ne pourra vous résister. » Les deux armées se rencontrèrent à Tolbiac. Le choc des ennemis fut si terrible, que l'infanterie des Francs se vit presque aussitôt défaite et mise en déroute. Clovis fit avec sa cavalerie des prodiges de valeur ; mais il ne put empêcher ses soldats de lâcher bientôt pied à leur tour et de se disperser. Il employa tour à tour, pour les rallier, les prières et les menaces; tout fut inutile. Alors, se rappelant les paroles que Clotilde lui avait adressées à son départ : « O Christ, s'écria-t-il, vous que Clotilde invoque comme le Fils du Dieu vivant! j'implore votre secours. Je me suis inutilement adressé à mes dieux ; j'ai éprouvé qu'ils n'ont aucun pouvoir. Je vous invoque donc, je crois en vous. Délivrez-moi de mes ennemis, et je me ferai baptiser en votre nom. » A peine eut-il achevé cette prière, que sa cavalerie dispersée se rallia autour de lui. On recommença le combat avec une nouvelle ardeur, et les ennemis furent complétement taillés en pièces.

Depuis ce jour, Clovis songea sérieusement à demander le baptème. Étant passé par Toul en revenant de son expédition, il eut occasion de voir saint Vaast, qui menait dans cette ville une vie retirée. Il le prit avec lui, afin qu'il l'instruisît, sur la route, des mystères de la foi. Il avait un tel désir d'accomplir son vœu, qu'il se fût reproché le moindre délai volontaire. Clotilde, informée de ce qui s'était passé, envoya chercher saint Remi, et partit avec lui pour aller en Champagne au-devant du roi. Dès que le prince l'aperçut, il lui cria : « Clovis a vaincu les Allemands, et vous avez triomphé de Clovis. Ce que vous désiriez si vivement est fait; mon baptême ne peut être longtemps différé. —C'est au Dieu des armées, répondit la reine, qu'est due la gloire de ces deux triomphes. » Elle l'exhorta à persévérer dans les pieuses résolutions où il était; en même temps elle lui présenta le vénérable évêque de Reims.

Saint Remi continua d'instruire Clovis, et le disposa par le jeûne, la pénitence et la prière, à recevoir le baptême. Au jour marqué, on se rendit à l'église. Saint Remi conduisait par la main le roi, qui était suivi de la reine et du peuple. Lorsqu'on fut près des fonts baptismaux : « Courbe la tête, fier Sicambre, lui dit il; brûle ce tu as adoré, et adore ce que tu as brûlé. » A l'exemple de leur roi, trois mille Francs abjurèrent aussi leurs erreurs, et reçurent le sacrement de la régénération spirituelle

---

CHAPITRE XVI

Joie que fait éprouver à Geneviève la conversion de Clovis.
— Estime particulière de ce prince pour notre sainte. —
A sa sollicitation, il fait commencer une église en l'hon-
neur des apôtres saint Pierre et saint Paul.

On comprend quelle dut être la joie de
Geneviève en voyant briller ce jour qu'elle
avait si longtemps appelé de ses vœux. Comme
saint Remi et sainte Clotilde, elle avait adressé
d'ardentes prières au Ciel pour la conversion
du roi des Francs ; comme eux elle adressa au
Seigneur de ferventes actions de grâces de
ce que, dans sa miséricorde, il avait envoyé à Clovis son esprit de force et d'intel-
ligence, et avait voulu que la religion montât
avec lui sur le trône. Lorsque saint Germain
d'Auxerre avait cessé de vivre, Geneviève,
par une inspiration d'en haut, avait choisi

pour son guide le saint évêque de Reims, et c'est par lui sans doute qu'elle avait eu le bonheur de connaître particulièrement Clotilde. Ce fut aussi par lui qu'elle devint respectable et chère à Clovis. Ce prince, qui l'estimait déjà avant d'embrasser le christianisme, voulut, après sa conversion, lui donner un témoignage particulier de son affection. Sachant qu'elle était souvent à Reims pour conférer avec le saint prélat, il lui fit présent de deux métairies qui se trouvaient sur la route, afin qu'elle pût s'y reposer. Geneviève fut très-sensible à cette générosité du prince; mais craignant de manquer à la pauvreté évangélique en acceptant pour elle-même ce don, elle pria le roi de permettre qu'elle en disposât en faveur de saint Remi. Le pieux archevêque de Reims rapporte dans son testament ce présent que lui fit Geneviève, dont il ne parle qu'avec vénération et qu'il appelle sa chère fille et sa sœur en Jésus-Christ.

Ainsi une grande reine et un illustre prélat ne dédaignaient pas d'avoir pour amie une humble et simple fille. Telle est l'amitié chrétienne : dégagée des intérêts du temps, elle ne considère ni la condition, ni la naissance; plus qu'humaine par les sentiments qui l'inspirent, on pourrait presque l'appeler divine à cause de son objet; car les vrais chrétiens ne s'aiment pas en eux et pour eux, mais en Celui et pour Celui qui est tout le bien, toute la perfection, et hors de qui rien n'est aimable. Lorsque, par une union ineffable, plusieurs âmes se sont comme rencontrées en Dieu, leur amitié est parfaite, parce qu'elles ne sauraient s'aimer sans aimer Dieu, et qu'elles s'aiment d'autant plus qu'elles aiment Dieu davantage. Elles n'ont plus qu'une seule pensée, qu'un seul sentiment; elles respirent ensemble, pour ainsi dire, et vivent de la même vie, de la vie de la foi, de l'espérance et de la charité; c'est comme un avant-goût du bonheur de la céleste patrie.

Ce bonheur, Geneviève le goûtait dans toute sa pureté; mais il ne lui faisait pas oublier le zèle qui doit agir, et elle se fût reproché comme un crime de se reposer dans les ineffables douceurs de ce commerce spirituel avec les plus saintes âmes de son temps, si ces pieuses communications l'eussent détournée un instant du but qu'elle se proposait, de propager de plus en plus la gloire de Dieu. Le Ciel lui ménagea une occasion favorable de travailler encore à son œuvre de prédilection.

Lorsque Clovis eut résolu de faire la guerre aux Visigoths, il assembla les principaux des Francs, et leur dit : « Je ne puis souffrir que les ariens occupent plus longtemps une grande partie des Gaules : marchons promptement contre eux ; et, avec l'aide du Ciel, réduisons sous notre obéissance le beau pays dont ils sont possesseurs. » Toute l'assemblée applaudit au discours du prince, qui mit aussitôt ses troupes en campagne.

Voyant la bonne disposition de ses soldats, il voulut se rendre le Ciel favorable par un établissement religieux que sollicitait sainte Geneviève. Cette pieuse vierge, qui avait déjà fait bâtir l'église de Saint-Denis, jugea qu'il serait digne d'une ville telle que Paris d'élever un temple aussi à la mémoire des glorieux apôtres saint Pierre et saint Paul. Elle en conféra avec sainte Clotilde, et toutes deux, unissant leurs efforts, persuadèrent au roi de faire construire ce pieux édifice. Ce prince n'eut pas le temps de le voir terminé. Il mourut avant d'avoir eu cette satisfaction; et ce fut par les ordres et la munificence de la reine Clotilde que l'édifice fut achevé.

Telle est la puissance de la foi : une simple fille ose entreprendre des œuvres capables d'effrayer une ville entière. Elle ne s'inquiète point des obstacles qu'il faudra surmonter, parce qu'elle sait que Dieu sera avec elle dans tout ce qu'elle fera pour lui. Nous nous étonnons souvent que nos efforts demeurent stériles : c'est que nous n'avons pas la foi; c'est que nous nous contentons de dire de bouche : « Je crois, » sans le dire de cœur. Disons-le de cœur plus que de bouche. Croyons que nous ne pouvons rien par nous-mêmes, mais que nous pouvons tout en Celui qui nous fortifie; croyons que Dieu veut avec nous tout ce que nous voulons bien, et nous verrons réussir toutes les œuvres qu'il nous est donné d'entreprendre et d'accomplir pour sa gloire.

CHAPITRE XVII

Comment Geneviève rapportait à Dieu tout le mérite de ses actions. — Comment elle prenait soin de cacher ses vertus, et comment elles furent néanmoins connues de saint Siméon Stylite.

On a vu de quelle considération Geneviève jouissait non-seulement à Paris, mais dans la plus grande partie de la France. Partout où elle allait, on accourait sur ses pas, on se pressait en foule autour d'elle; chacun lui exposait ses misères et ses besoins, et la priait d'intercéder pour lui ou pour les siens auprès du souverain dispensateur de tous les biens; et à chacun Geneviève répondait qu'elle ne pouvait rien, mais que Dieu pouvait tout; puis elle se jetait aussitôt à genoux, elle priait avec larmes, et bientôt les grâces qu'elle sollicitait descendaient du ciel abondamment : les ma-

lades étaient guéris, les possédés étaient délivrés du démon qui les obsédait, la mort même
rendait ses victimes. Une des tentations les
plus subtiles et les plus dangereuses auxquelles
soit exposée une âme chrétienne, c'est la tentation de l'orgueil dans le bien. Quelle épreuve
donc pour l'humilité de notre sainte que ce
concert unanime de louanges et de bénédictions qui retentissait autour d'elle! Comment
se cacher à elle-même les merveilles que Dieu
opérait par ses mains? Comment ne pas s'en
entretenir quelquefois avec complaisance lorsqu'elles éclataient aux yeux de tous, et que des
villes entières en rendaient un glorieux témoignage? Loin de prendre là-dessus le moindre
sentiment favorable d'elle-même, elle semblait
se demander avec étonnement, comme plus tard
un autre grand serviteur de Dieu (1), ce que
signifiaient ces miracles, et pourquoi Dieu
avait trouvé bon de faire telles choses par de
telles mains.

Et nous, s'il nous arrive quelquefois de répondre aux grâces que Dieu nous envoie, et

____

(1) Saint Bernard.

d'opérer avec son secours le moindre bien,
nous n'avons pas le courage de cacher à la main
gauche ce bien tel quel que fait la main droite;
nous n'attendons même pas que les louanges
nous viennent trouver, nous sonnons devant
nous de la trompette (1) pour les provoquer,
pour faire entendre à tous que nos œuvres sont
admirables, et qu'il est bien injuste de ne pas
reconnaître que nous avons un grand mérite.
Ainsi, ce n'est pas assez que nous soyons si
lâches et si tièdes dans la pratique des bonnes
œuvres, il faut encore que nous gâtions par
l'amour-propre le peu de bien qu'il nous est
donné de faire, et que nous perdions par notre
faute tout le fruit que nous en devrions retirer.
Non, sans l'humilité, quel que soit le mérite
apparent de nos actions, elles ne sauraient
plaire à Dieu ; avec l'humilité, au contraire,
le moindre effort de notre part nous est compté
et contribue à l'œuvre de notre salut. Ce n'est
pas parce qu'ils ont fait de grandes choses que
les saints ont conquis cette place qu'ils occupent dans le ciel et que nous les honorons sur

(1) S. Matthieu.

la terre, c'est parce qu'ils ont tout fait en esprit d'humilité. Ce n'est pas parce que Geneviève opérait des miracles qu'elle était si agréable à son céleste époux, c'est parce qu'elle n'en faisait aucun dont elle ne lui rapportât toute la gloire, et qu'elle s'oubliait entièrement elle-même.

Mais plus elle prenait de soin de cacher ses vertus, plus elle s'abaissait et s'anéantissait en présence de Dieu, plus ce père miséricordieux, qui nous rend au centuple les avantages que nous lui sacrifions, permettait que le nom de sa servante se répandit de toutes parts et qu'elle crût en gloire devant les hommes. Ce n'était pas assez que la France entière eût les yeux sur elle, qu'elle l'honorât, qu'elle la bénit comme sa bienfaitrice; sa réputation passait au delà des mers, et faisait connaître dans les contrées les plus éloignées les grandes choses que Dieu se plaisait à opérer par ses mains. Alors vivait en Orient un grand saint dont les premières années ne sont pas sans rapport avec celles de sainte Geneviève. Nous voulons parler de saint Siméon Stylite.

Siméon était né en un bourg de Cilicie

appelé Sisan. Son père, qui était berger, le
chargea dès l'enfance de garder ses brebis.
Un jour que le troupeau ne pouvait sortir à
cause de la neige, Siméon alla à l'église, où il
entendit lire ces paroles de l'Évangile : « Bienheureux sont ceux qui pleurent! bienheureux
sont ceux qui ont le cœur pur (1)! » Il demanda
à un bon vieillard comment on pouvait arriver
à ce bonheur : « C'est, lui répondit celui-ci,
en jeûnant, en offrant à Dieu ses prières avec
crainte et respect aux différentes heures du
jour et pendant la nuit, comme on fait dans
les monastères. Il faut, mon fils, ajouta-t-il,
supporter la soif, la nudité, les injures et les
opprobres; il faut gémir, pleurer, veiller et
prendre à peine un peu de sommeil, user de
la maladie comme de la santé, renoncer à ce
qu'on aime le plus, être humilié et persécuté
par les hommes sans attendre de consolation.
Entendez-vous, mon fils, ce que je vous dis?
Dieu vous donne, par sa miséricorde, la volonté
de le pratiquer. »

Siméon n'avait alors que treize ans; cepen-

____

(1) Matth., VIII.

dant ces paroles firent une telle impression sur son esprit, qu'après avoir prié Dieu de le conduire à une piété parfaite il se retira dans un monastère composé de quatre-vingts moines, qui s'exerçaient aux travaux les plus pénibles de la pénitence. Siméon surpassa bientôt tous ses confrères en austérité; car les autres mangeaient de deux jours l'un, tandis que lui ne mangeait qu'une fois la semaine, donnant aux pauvres la nourriture qu'il recevait pour son usage. De là il alla s'établir dans une loge abandonnée, où il forma le dessein d'imiter le jeûne de Moïse, d'Élie et de Notre-Seigneur Jésus-Christ. Après être resté trois ans dans cette cabane, il monta au haut d'une montagne, où il fit faire une enceinte de pierres sèches, et s'y renferma, résolu d'y vivre exposé aux injures de l'air. Sa réputation se répandant de tous côtés, on lui amenait plusieurs malades, et on le priait de les guérir. Pour se délivrer de cette foule, qui interrompait sa prière, Siméon se retira sur une colonne qui avait environ un mètre de diamètre, et qui était fermée d'une petite enceinte à hauteur d'appui, comme une chaire de prédicateur. C'est ce qui lui a fait donner le surnom de *Stylite*, d'un mot grec qui signifie *colonne*.

Un jour, parmi les nombreux pèlerins qui se rendaient continuellement aux pieds de la colonne du saint, il s'en trouva quelques-uns qui venaient du pays que Geneviève édifiait de ses vertus, et qui peut-être avaient éprouvé par eux-mêmes les heureux effets de sa puissante intercession auprès de Dieu. Ils racontèrent à saint Siméon ce qu'ils savaient de la vierge de Nanterre, comment Dieu l'avait appelée à lui dès l'âge le plus tendre et l'avait prévenue de ses grâces les plus abondantes; comment elle avait suivi la divine inspiration qui la portait à se consacrer au céleste Époux. Ils lui dirent qu'elle avait plusieurs fois sauvé Paris; que dans un grand nombre de villes elle avait miraculeusement rendu la santé aux malades et quelquefois la vie aux morts. Tous ces détails étaient dignes d'exciter l'intérêt et l'admiration; et le saint éprouvait sans doute une joie bien grande en les écoutant. Cependant il nous semble que ce n'est pas là ce qui dut le frapper davantage. Mais lorsqu'il entendit raconter que celle pour qui Dieu faisait tant de merveilles semblait ignorer qu'elle eût le moindre mérite et se regardait comme la dernière des servantes de Jésus-Christ; quand on lui dit qu'elle avait au plus haut degré l'esprit de prière, de pénitence et d'humilité; qu'elle recevait avec une parfaite résignation les maladies qui affligeaient son corps, les calomnies par lesquelles on s'efforçait de noircir sa réputation, et toutes les croix qu'il plaisait à Dieu de lui envoyer, ce fut alors qu'il dut considérer Geneviève comme un modèle de véritable sainteté, digne d'être proposé à l'imitation de ceux qui aspirent à la perfection que conseille l'Évangile. Il pria ceux qui venaient l'implorer lui-même de si loin de se souvenir de lui lorsqu'ils seraient de retour en France, et de le recommander à la sainte fille dont ils lui parlaient, afin qu'elle demandât pour lui à Dieu les grâces dont il sentait qu'il avait besoin.

C'est ainsi que les âmes pieuses se trouvent tout d'abord fortement liées. Il n'y a point pour elles de distances, parce qu'elles sont partout en présence de Celui dans la charité duquel se forme et se maintient leur union.

CHAPITRE XVIII

Éminente sainteté de Geneviève dans la retraite. — Son esprit de prière, de mortification et d'absolu détachement.

Nous avons vu jusqu'ici sainte Geneviève mêlée au monde, à travers lequel, à l'exemple du Sauveur, elle passait en faisant du bien ; nous avons considéré les œuvres admirables et les vertus éminentes qui faisaient la joie et l'édification des fidèles, et commandaient même aux plus indifférents le respect et la vénération. Il faut jeter maintenant un regard sur la vie intérieure et cachée de la pieuse vierge ; il faut entrer un instant dans l'étroite cellule où elle venait chaque jour reprendre de nouvelles forces pour opérer le bien qu'elle méditait. Que voyons-nous ? quelle est la vie qu'elle mène loin des yeux des hommes, là où les louanges et les applaudissements ne peuvent venir la chercher?

D'abord elle prie, non pas avec cette tiédeur et cette négligence qui font que nos prières demeurent le plus souvent sans effet; elle prie avec cette foi vive qui transporte les montagnes, avec cette espérance sans bornes qui ne doute jamais de la puissance de Dieu et qui attend tout de sa bonté, avec une ardente charité qui ne désire et ne demande rien que de parfaitement conforme à la volonté de Celui hors de qui nous ne devons rien vouloir. Elle prie comme Moïse, qui désarmait le bras du Seigneur justement irrité et sauvait la vie à plusieurs milliers d'hommes; elle prie comme Élie, dont la voix ouvrait le ciel et en faisait descendre la pluie et la fécondité; elle prie comme Esther et Judith, qui par leurs prières triomphèrent des impies et sauvèrent le peuple de Dieu; elle prie enfin comme ont prié dans tous les temps les âmes fidèles, et sa prière est efficace comme la leur : comme eux, elle commande à la nature, elle chasse les démons, elle guérit les malades, elle rend la vie aux morts, elle écarte les fléaux du monde, qui, selon la remarque d'un ancien Père, ne subsiste que par les prières des saints (1).

« Veillez et priez, » dit Notre-Seigneur ; et tous les saints, fidèles à ce divin précepte, ont joint à la prière l'esprit de mortification ; tous ont travaillé à réduire en servitude ce corps de mort, dont le poids nous accable et nous empêche de courir aussi facilement que nous le voudrions dans la voie des commandements de Dieu ; tous ont crucifié cette chair de péché qui sans cesse conspire contre l'esprit ; tous enfin ont livré ce glorieux combat dont parle l'Apôtre et après lequel la palme est donnée à ceux qui ont remporté la victoire. Parmi ces généreux athlètes si forts pour lutter contre eux-mêmes, Geneviève mérite un des premiers rangs. Depuis l'âge de quinze ans, où elle entra en religion, jusqu'à l'âge de cinquante ans, elle ne se nourrit que de pain d'orge et de fèves. Elle en faisait bouillir à la fois dans une chaudière de quoi lui servir deux à trois semaines, comme si elle eût

____

(1) *Sanctorum precibus stat mundus.* (Rufin, *Præfatio in Vitas Patrum.*)

trouvé encore trop de délicatesse à renouveler
plus souvent ce mets déjà si simple. Elle jeû-
nait cinq fois par semaine, et elle ne buvait
ni vin ni aucune liqueur capable d'enivrer.
Lorsqu'elle eut atteint l'âge de cinquante ans,
les évêques l'obligèrent d'ajouter à sa nourriture ordinaire un peu de lait et de poisson.
Elle pleura de cet adoucissement qu'il lui fallait apporter à la pénitence qu'elle s'imposait
depuis tant d'années et qu'elle eût voulu continuer de pratiquer jusqu'à sa dernière heure ;
mais elle obéit néanmoins sur-le-champ et sans
hésiter à l'injonction des évêques ; car elle
savait que c'est d'eux que Jésus-Christ a dit :
« Celui qui vous écoute m'écoute ; celui qui
vous méprise me méprise. » Au reste, elle
savait réparer par d'autres mortifications celles
qu'elle était obligée de s'interdire. Elle remplissait volontairement les fonctions les plus
viles, jusqu'à balayer la maison et nettoyer les
habits de ses compagnes ; et sans cesse elle
cherchait à faire mourir en elle les derniers
sentiments qui pouvaient ressembler encore
à de l'amour-propre. Mais, remarque un ancien historien de sa vie, pendant qu'elle s'ef-

forçait ainsi de s'abaisser et de se mettre au-dessous de toutes les pieuses filles qui vivaient avec elle, Dieu montrait assez qu'il l'élevait au-dessus de toutes.

La sagesse du siècle se demande avec étonnement pourquoi ces veilles, pourquoi ces austérités de toute sorte. La folie de la croix cette folie apparente qui est dans la parole du Fils de Dieu, et qui doit passer par imitation dans la vie de ses serviteurs, ne sera pas embarrassée de répondre : « C'est que le nom de chrétien signifie un homme souffrant ; c'est qu'il faut par de longs travaux et une grande suite de tribulations parvenir au royaume des cieux (1); c'est que nous avons un corps et une âme qui doivent être exposés à toutes sortes d'incommodités (2); c'est que nous devons travailler à dompter notre corps, et à éteindre l'appétit de ces voluptés qui par leur délicatesse rendent molle et efféminée cette mâle vertu de la foi (3); c'est enfin qu'il nous faut vivre sans plaisir, pour que nous puissions

(1) Act., xiv, 21.
(2) Tertull., *de Patient.*, n° 8.
(3) Tertull., *de Cult. fem.*, n° 13.

mourir avec plaisir (1). » Cette parole est dure ; mais il ne s'agit pas de la juger, il s'agit de l'accomplir, ou il n'y a point de salut à espérer. Par quel étrange oubli de vous-même vous en allez-vous, sans rien prévoir, vers ce jour où nul ne pourra être excusé ni défendu par un autre, mais où chacun sera pour soi un fardeau assez pesant ? Maintenant votre travail produit son fruit, vos larmes sont agréées, vos gémissements écoutés ; votre douleur satisfait à Dieu, et purifie votre âme. Ne vaut-il pas mieux se purifier maintenant de ses péchés et retrancher ses vices que d'attendre à les expier en l'autre vie ? Oh ! combien nous nous trompons nous-mêmes par l'amour désordonné que nous avons pour notre chair ? Plus vous vous épargnez vous-même à présent, plus vous flattez votre chair, plus ensuite votre châtiment sera terrible, et plus vous amasserez pour le feu éternel. Là une heure sera plus terrible dans le supplice que cent années ici dans la plus dure pénitence. Soyez donc maintenant pleins d'appréhension et de douleur

(1) Tertull., *de Spect.*, n° 29.

pour vos péchés, afin de partager au jour du jugement la sécurité des bienheureux. « Car les justes alors s'élèveront avec une grande assurance contre ceux qui les auront opprimés et méprisés (1). Alors on s'applaudira des tribulations souffertes avec patience, et toute iniquité sera muette (2). Alors la chair affligée se réjouira plus que si elle avait toujours été nourrie dans les délices. Alors les vêtements pauvres resplendiront, et les habits somptueux perdront leur éclat. Alors le souvenir d'une pieuse prière vous sera de plus de consolation que celui d'un repas splendide. Apprenez donc maintenant à supporter quelques légères souffrances, afin d'être alors délivré de souffrances plus grandes (3). »

Mais encore, diront quelques âmes chrétiennes, quel besoin avait Geneviève de livrer à son corps ce rude combat? Quels péchés si énormes avait-elle à expier? Avec cette foi vive, cette ferme espérance, cette ardente charité,

(1) Sap., v, 1.
(2) Ps. cvi, 42.
(3) *Imitation de Jésus-Christ*, 1, 24.

pouvait-elle craindre de n'être pas sauvée? Non-seulement elle pouvait n'être pas assurée de son salut, mais elle ne devait pas l'être. Dieu veut que le salut en cette vie nous soit incertain, et que nous n'ayons jamais sur la terre nulle apparence de notre prédestination éternelle. C'est une loi de sa providence : providence, dit saint Augustin, que nous devons adorer, puisqu'elle nous entretient dans l'humilité et qu'elle excite en nous la ferveur et la vigilance. Tant que nous vivons ici bas, nous ne pouvons être exempts de tribulations et d'épreuves. Il n'y a point de lieu si secret où l'on ne trouve des tentations : car nous en portons le germe en nous, à cause de la concupiscence dans laquelle nous sommes nés; et sans cesse l'ennemi de notre salut « tourne de tous côtés cherchant quelqu'un pour le dévorer (1). » C'est pourquoi Notre-Seigneur nous dit : « Veillez et priez, afin que vous n'entriez point en tentation (2). » Et quand faut-il veiller et prier? « Veillez et priez con-

(1) I Petr., v, 8.
(2) Matth., xiv, 38.

tinuellement (1), et ne vous contentez pas de résister quelques jours; prenez garde, après avoir lutté généreusement, de fléchir tout à coup et de tomber dans l'abattement. « Agissez avec courage et soyez forts (2) » jusqu'au bout; « celui qui persévèrera jusqu'à la fin sera sauvé (3). » Ne dites pas : Cette guerre est bien longue; rien n'est long de ce qui finit : vous touchez au terme; car « le temps est court, et la figure de ce monde passe (4). » C'est pourquoi « attendez le Seigneur (5); » car « vous ne savez l'heure où il viendra (6). » « Renouvelez en vous l'esprit intérieur (7). » « Dépouillez-vous du vieil homme et revêtez-vous de l'homme nouveau; faites-vous à tous les instants de la vie cette sainte violence que prêche Jésus-Christ, et souvenez-vous que la manne est donnée aux victorieux (8), et que

(1) Luc, xxi, 36.
(2) I Cor, xvi, 13.
(3) Matth., xxiv, 13.
(4) I Cor., vi, 25-31.
(5) Ps. xxvi, 14.
(6) Luc, xii, 40.
(7) Ephes., iv, 71.
(8) Apocal., ii, 17.

les souffrances du temps n'ont nulle propor-
tion avec la gloire qui doit en être le prix (1). »
C'est parce qu'elle avait compris ces grandes
vérités que Geneviève pratiquait les austérités
que nous venons de voir, et qu'elle accomplis-
sait tant d'œuvres pieuses et chères à Dieu, à
qui seul elle s'inquiétait de plaire.

Dans notre temps de mollesse et de tiédeur,
avec nos âmes languissantes et déshabituées
de toute foi vivace et pratique, nous compre-
nons peu ces rigueurs exercées et subies en
vue de plaire à Dieu; mais, à cette époque de
forte croyance, cela ne causait pas même
la moindre surprise parmi les personnes du
siècle. Quant à Geneviève, en se courbant
volontairement, comme elle le fit, sous le
joug de Dieu, pour marcher plus sûrement
dans la voie étroite, elle paraît peut-être,
aux yeux de quelques-uns, oublier le soin
d'être heureuse; mais c'est alors, au contraire,
qu'elle goûte un bonheur véritable. « Rien,
s'écrie saint Grégoire de Nazianze, non, rien
n'est comparable au bonheur de celui qui,

(1) Rom., VIII, 18.

méprisant les sens, détaché de la chair et du monde, ne tient plus aux choses humaines que par les seuls liens de la nécessité, converse uniquement avec Dieu et avec lui-même, et, s'élevant au-dessus des objets sensibles, ne vit que des divines clartés, qu'il conserve en soi toujours pures, toujours brillantes, sans aucun mélange des ombres de la terre et des vains fantômes errant ici-bas autour de nous ; qui, réfléchissant comme un miroir céleste Dieu et ses éblouissantes perfections, sans cesse ajoute à la lumière une lumière plus vive, jusqu'au moment où, la vérité dissipant tous les nuages, il arrive à la source même de toute lumière, à l'éternelle fontaine de splendeur, fin bienheureuse de son être et son immortel ravissement (1). »

(1) Orat. xxix.

CHAPITRE XIX

Comment Geneviève oubliait toutes les choses de la terre, et n'avait plus de pensées que pour le ciel. — Ses derniers moments. — Sa mort bienheureuse.

À mesure que l'âme fidèle se dégage de la terre et d'elle-même, toutes ses pensées, tous ses désirs s'élèvent et viennent se confondre en Celui qu'elle aime uniquement. Alors elle gémit des liens qui l'appesantissent et la retiennent encore ici-bas. Pressée d'un amour qui croît sans cesse, elle voudrait briser son enveloppe mortelle, s'élancer dans le sein de l'Être infini auquel elle aspire, s'y plonger et s'y perdre éternellement ; elle s'écrie avec David : « Qui me donnera des ailes comme à la colombe ? et je volerai et me reposerai (1). Oh !

(1) Ps. LIV, 7.

quand viendrai-je et paraîtrai-je en présence de
mon Dieu (1)? »

Le temps approchait où Geneviève devait
aller recevoir au ciel le prix de ses laborieuses
épreuves; elle y était depuis longtemps par la
foi et l'espérance; mais Dieu voulait qu'elle
sortît, pour n'y plus rentrer, de cette prison
du monde, et que, après avoir méprisé des
biens périssables, elle fût mise en possession
des biens éternels qui sont le partage des élus.
Dès ce moment elle n'aspira plus, comme saint
Paul, qu'à la dissolution de son corps, afin
d'être plus tôt avec Jésus-Christ (2). Et pourquoi eût-elle redouté ce passage qui allait l'in-
troduire dans sa véritable patrie? Qu'avait-
elle à regretter sur la terre. N'était-elle pas
morte depuis longtemps à tout ce qui peut
attacher ici-bas? Ne pouvait-elle pas dire
comme un autre grand saint disait plus tard :
« Je ne tiens plus à la vie par aucun rapport ni affection. J'ai résigné mes volontés
entre vos mains, ô mon Dieu; vous m'avez
appris à mourir il y a longtemps. Les res-

(1) Ps. XLI, 3.
(2) Philip. I, 23.

sentiments du monde, qui sont morts en moi,
m'ont fait leçon de la mort, les mortifications
de l'esprit ont assoupi mon corps. Je ne vivais
pas, puisque j'étais morte par dessein et par
règlement ; je n'estimais point de vie que celle
qui est en vous. Je ne pouvais pas me dire
en vie, puisque toutes mes intentions étaient
d'éteindre le feu qui fait la vie des mondains,
pour le comparer à une mort ou plutôt à un
doux sommeil, où je m'efforçais de me joindre
à vous et m'approcher de la vie éternelle.
Maintenant, ô mon Dieu, les ravissements
d'esprit me présentent un échantillon du con-
tentement de la béatitude. Je n'ai plus foi
dans mes extases, car je vois ; je n'ai plus
d'espérance, car je commence à posséder ; la
charité seule me reste pour me joindre à vous,
qui êtes la charité même d'où sort un feu
d'amour qui embrase les cœurs des âmes dévotes ; et comme le feu, de sa nature, monte
toujours en haut, ainsi mon cœur, qui en
tient, s'envole à vous ; et plus je sens les
forces de mon corps s'affaiblir, plus mon esprit se fortifie et se délivre de la prison du
corps ; et en cet état je vois comme dans

un miroir ce qui est de la béatitude. Que
les contentements et les délices d'une âme
qui est en la grâce de Dieu sont indicibles!
Les plaisirs sensibles apportent la satiété,
témoignage de leur imperfection; mais les
contentements de l'âme sont infinis, donnent
toujours de l'appétit et ne se lassent point
de la jouissance, parce qu'ils n'ont point de
fin et ne sont point bornés par les sens et par
les objets. Sortons de ce monde, et montons
au ciel par le secours de la miséricorde de
Dieu (1). »

L'histoire ne dit rien des derniers moments
de notre sainte; et Dieu, qui nous a laissé
connaître peu de chose de sa naissance et de
ses premières années, a voulu couvrir d'un
voile plus épais encore les circonstances de
sa mort. « Après avoir demeuré sur la terre
comme dans un lieu d'exil, et vécu dans la
pratique de toutes sortes de vertus jusqu'à
l'âge de quatre-vingts ans et davantage, étant
parvenue à une vieillesse pleine de vigueur et
de bénédictions, elle mourut en paix, le troi-

____

(1) S. François de Sales, *Testament spirituel.*

sième jour du mois de janvier de l'an de Notre-
Seigneur 512 (1). »

Ce sont là les seules paroles par lesquelles
l'historien de sainte Geneviève rend compte de
son passage de cette vie à l'éternité. Sans doute
il est regrettable que nous n'ayons pas sur cet
instant suprême de la pieuse vierge quelques-
uns de ces détails que nous offre la vie de la
plupart des autres saints; ils ne pourraient que
servir à nous édifier davantage. Mais, s'il est
vrai que l'on meurt comme on a vécu, n'est-il
pas facile de deviner comment mourut celle
qui pendant toute sa vie n'avait travaillé qu'à
se détacher des choses de la terre pour être
plus uniquement occupée de celles du ciel!
Mourir ne fut pas pour elle l'affaire d'une
heure, elle ne cessa de s'y préparer pendant
tout le cours de sa longue existence. Elle savait
que nous n'avons ici-bas qu'une affaire; que,
si celle-là se fait, toutes les autres se trouveront
faites; que, si elle manque, toutes les autres,
quelque succès qu'elles semblent avoir, tom-
beront en ruine. « O mon Dieu, s'écriait sans

(1) Charpentier, § 52.

doute cette âme sainte dans les sentiments d'une parfaite soumission, ô mon Dieu! que m'importe de vivre ou de mourir! La vie n'est rien, elle est même dangereuse dès qu'on l'aime. La mort ne détruit qu'un corps de boue; elle délivre l'âme de la contagion du corps et de son propre orgueil; des piéges du démon elle la fait passer à jamais dans le règne de la vérité. Je ne vous demande donc, ô mon Dieu! ni santé ni vie; je vous fais un sacrifice de mes jours. Vous les avez comptés; je ne demande aucun délai : ce que je demande, c'est de mourir dans la patience et dans l'amour, si vous voulez que je meure. O Dieu, qui tenez dans vos mains les clefs du tombeau pour l'ouvrir ou pour le fermer, soit que je vive, soit que je meure, je ne veux être qu'à vous (1). — Père céleste, dit Notre-Seigneur, j'ai achevé l'ouvrage que vous m'aviez donné à faire (2). » A l'imitation du divin Maître, Geneviève s'était mise en état de dire aussi : « Père céleste, j'ai achevé l'ouvrage que vous m'aviez donné à

____

(1) Fénelon.
(2) Joann., XVII, 4.

faire. » C'est pourquoi la mort n'eut rien de rude pour elle, et elle la vit approcher comme l'heure de la délivrance et le commencement de l'éternité bienheureuse.

Lorsque Geneviève eut rendu le dernier soupir, les Parisiens, voulant acquitter toutes les obligations qu'ils avaient à la sainte, firent placer son corps auprès de celui de Clovis dans l'église Saint-Pierre et Saint-Paul. L'humble vierge de Nanterre et le prince illustre qui avait régné sur la France étaient réunis dans la mort, pour rappeler que c'était aux prières de la sainte que Clovis avait dû sa conversion, et qu'il avait toujours professé pour ses vertus la plus grande estime.

CHAPITRE XX

Geneviève continue, après sa mort, de venir au secours des affligés. — Plusieurs guérisons miraculeuses s'opèrent à son tombeau.

Non-seulement les saints passent sur la terre en faisant du bien, comme notre divin Sauveur, mais encore ils continuent, lorsqu'ils sont entrés dans l'éternelle gloire, de veiller sur nous avec une tendre sollicitude. Ils intercèdent pour nous auprès de Dieu, dont ils sont les fidèles serviteurs et les véritables amis ; et Dieu accorde à leurs prières des grâces que nous ne méritons pas d'obtenir. Souvent il permet que le puissant crédit dont ils jouissent auprès de lui éclate aux yeux des hommes par des bienfaits extraordinaires, par des guérisons miraculeuses ; et ces merveilles, qui tournent

7

toujours à sa plus grande gloire, ont de plus pour effet de fortifier la foi, de nourrir la piété des âmes dévotes, et de confondre l'orgueil des incrédules et des impies. Il faut aussi que ces personnes saintes, que leur humilité a tenues pendant leur vie dans une profonde obscurité, ou qui n'ont été connues du monde que pour en être la balayure et le rebut (1), suivant l'expression du grand Apôtre, soit replacées dans le rang qui leur convient, et qu'aux mépris et aux outrages dont on les abreuvait succèdent le respect et l'admiration; Dieu, en quelque sorte, se doit de faire qu'ils obtiennent cette justice et cette réparation. A ce titre, nous ne devons pas être surpris que Geneviève ait eu le privilége de soulager encore après sa mort toutes sortes de souffrances, de rendre à des infortunés la santé de l'âme et du corps.

La sainte avait à peine cessé de vivre que plusieurs miracles s'opérèrent par son intercession. « Ces faits, dit un auteur du xii° siècle, sont tirés de documents très-authentiques et dignes de toute confiance, conservés dans

<hr>

(1) I Cor., iv, 13.

l'église consacrée à la sainte. » Nous les rap-
porterons donc sans nous croire obligés de les
prouver autrement. S'ils font sourire l'incrédule, ils seront lus avec respect par les fidèles
qui savent que Dieu se plaît souvent à manifester ainsi sa puissance, et à montrer combien
les prières de ses serviteurs lui sont agréables.
Le premier prodige dont il soit fait mention
eut lieu au moment même, pour ainsi dire, des
funérailles de sainte Geneviève. Dans l'église
où elle était déposée brûlait une lampe que la
piété des chrétiens y avait allumée pour honorer
des restes qui leur étaient chers à tant de titres.
Lorsqu'au bout de quelque temps celui qui
était chargé d'entretenir cette lampe s'approcha
pour en renouveler l'huile, il s'aperçut qu'elle
n'avait point diminué et qu'elle brûlait sans se
consumer. Elle continua de donner ainsi de la
lumière comme d'une source inépuisable; et,
afin qu'il ne restât aucun doute sur le caractère miraculeux de ce fait, Dieu permit que
plusieurs malades qui s'étaient frottés de cette
huile vissent aussitôt leur foi récompensée en
obtenant la guérison de leurs maux. D'autres
fois il suffisait de s'approcher du tombeau de

la sainte pour être délivré de ses infirmités. Un jour, un infortuné qui était tout ensemble aveugle et muet s'y rendit avec une pleine confiance que la présence seule des dépouilles mortelles de celle qu'il invoquait comme sa protectrice suffirait pour délier sa langue et ouvrir ses yeux. C'était l'heure de la messe. Il assista avec un recueillement profond et une grande dévotion à l'oblation du saint sacrifice. Puis, au moment de la sainte communion, comme les clercs chantaient : « Seigneur, faites briller sur votre serviteur la lumière de votre visage, » il recouvra tout à coup l'usage de la parole et de la vue, et s'en retourna en louant Dieu et en rendant publiquement témoignage du miracle que sainte Geneviève venait d'opérer en sa faveur. A quelque temps de là, une femme fut avertie par une vision d'apporter à ce même tombeau son fils, qui était aveugle de naissance. L'évangile du jour était tiré de saint Jean, chapitre ix. On lut donc les paroles suivantes : « Jésus vit en passant un homme qui était aveugle de naissance. Sur quoi ses disciples lui demandèrent : Maître, est-ce à cause de ses propres péchés, ou des péchés de ceux

qui l'ont mis au monde, que cet homme est
né aveugle? Jésus leur répondit : Ce n'est
point à cause de ses péchés, ni des péchés de
ceux qui l'ont mis au monde, mais c'est afin
que les œuvres de la puissance de Dieu écla-
tent en lui. Il faut que je fasse les œuvres de
Celui qui m'a envoyé, pendant qu'il est jour;
la nuit vient, dans laquelle personne ne peut
agir. Tant que je suis dans le monde, je suis
la lumière du monde. » Après avoir ainsi parlé,
il cracha à terre; et, ayant fait de la boue avec
sa salive, il appliqua cette boue sur les yeux
de l'aveugle. Puis il lui dit : Allez vous laver
dans la piscine de Siloé. Il y alla donc, il s'y
lava, et il en revint voyant clair. » Comme on
achevait de réciter ces mots, l'enfant, guéri
subitement, ouvrit les yeux, et dans son étonnement il voulait saisir le cierge que sa mère
avait apporté.

Un autre jour, un homme muet de naissance
eut aussi une vision qui lui enjoignait de se
rendre au tombeau de la sainte. Persuadé que
c'était un avertissement du Ciel, et qu'il ne lui
était pas donné en vain, il obéit sans hésiter,
et se mit en route sur-le-champ. Il arriva un

dimanche, et entendit la messe. On récita le passage de l'évangile selon saint Marc (1) où il est dit que quelques-uns ayant présenté à Jésus un homme qui était sourd et muet, le suppliaient de lui imposer les mains; qu'alors Jésus, le tirant de la foule et le prenant à part, lui mit ses doigts dans les oreilles et de sa salive sur la langue; que, levant les yeux au ciel, il jeta un soupir et dit : Éphphéta, c'est-à-dire ouvrez-vous, et qu'aussitôt ses oreilles s'ouvrirent, et que sa langue s'étant déliée il parlait fort distinctement. Lorsqu'on en fut à l'endroit où les témoins de ce miracle s'écrient avec admiration : « Il a bien fait toutes choses, il a fait entendre les sourds et parler les muets,» cet homme qui était venu muet au tombeau de la sainte se trouva en un instant capable de prononcer distinctement les mots qu'il voulait. Le premier usage qu'il fit de la parole fut de rendre gloire à Dieu et de témoigner avec effusion sa reconnaissance à celle qui lui avait obtenu une grâce si admirable. Mais le Ciel lui en réservait une plus précieuse encore. En effet,

(1) Ch. vii.

lorsqu'il fut guéri de son infirmité, l'abbé lui ayant demandé ce qu'il comptait faire, il se sentit touché d'un vif désir de demeurer dans cette pieuse retraite et de s'y consacrer au service de sainte Geneviève. L'abbé, heureux de le voir dans ces saintes dispositions, l'embrassa avec joie, le confirma dans son dessein, et lui fit donner tout ce qui était nécessaire pour subsister dans le pieux état où il voulait passer sa vie.

La sainte ne couvrait pas seulement de sa protection ceux que leurs vertus pouvaient en rendre dignes. Dieu permit plus d'une fois qu'elle vînt au secours des malheureux que le démon tenait sous sa puissance ou dont il inspirait les actions. Les deux faits que nous allons rapporter en sont une preuve éclatante.

Il y avait à Paris un possédé dont la fureur était si terrible, qu'il fallait continuellement le tenir enchaîné et le garder à vue. Une nuit, s'apercevant que ses gardiens étaient endormis, il en profita pour s'échapper. Le Ciel dirigea ses pas vers le temple où étaient déposés les restes mortels de Geneviève. A peine s'était-il agenouillé sur le seuil qu'il se sentit délivré de l'esprit de ténèbres. Quelque temps après on ouvrit les portes pour la célébration de l'office. Il entra dans l'église, remercia Dieu de la grâce qu'il lui avait faite, ainsi que celle qui la lui avait obtenue, suspendit en *ex-voto* la chaîne qui avait serré ses menbres, et rentra chez lui aussi paisiblement que s'il n'eût jamais éprouvé aucun mal. Une autre fois, un criminel attendait en prison le supplice qui lui était réservé. Étant parvenu, à la faveur des ténèbres, à tromper la vigilance de ses gardiens, il s'enfuit à l'église Sainte-Geneviève. Le magistrat de la ville envoya aussitôt des soldats à sa poursuite. L'un d'eux eut le temps d'arriver près du fugitif avant qu'il pût entrer dans la chapelle ; alors eut lieu une lutte d'un nouveau genre. Le malheureux condamné n'essaya pas de se défendre contre celui qui le poursuivait, mais il appela à son aide la sainte qu'on invoquait en ce lieu. Le soldat se moquait de cette confiance, qui lui semblait vaine, et tournait en ridicule le prétendu pouvoir de Geneviève. Tout à coup, au milieu de son blasphème, il tombe comme frappé d'une main invisible pour ne plus se relever. Ses compagnons, effrayés, ne trouvent, en arrivant près de lui, qu'un cadavre; ils cessent de poursuivre le criminel, et retournent sur leurs pas pour aller ensevelir leur mort sans honneurs et hors de la ville.

Quelque frappantes que fussent les merveilles opérées jusque-là par l'intercession de sainte Geneviève, Dieu voulut manifester par des faits plus saisissants encore le crédit dont jouissait auprès de lui sa fidèle servante; il voulut que celle qui avait plus d'une fois sauvé Paris pendant sa vie mortelle vint encore à son secours après sa mort; et pour cela il permit que cette ville se vit si près de sa perte, qu'elle comprit bien que toute force purement humaine était impuissante à la sauver.

Sous le règne de Louis le Débonnaire, les eaux de la Seine s'élevèrent à une telle hauteur, qu'en peu de temps toutes les églises furent inondées. L'évêque de Paris, nommé Inchade, fidèle à la conduite que l'Église a tenue de tout temps dans de semblables calamités, ordonna aussitôt un jeûne général et des prières publiques. Mais où réunir la pieuse foule des chrétiens pour célébrer devant elle les saints

mystères et lui rompre le pain de la parole de
vie? Plein de confiance dans le secours du Seigneur, Inchade rassemble quelques ecclésiastiques, et leur commande d'aller en bateau s'as-
surer s'il n'y aurait point quelque sanctuaire
que les flots n'eussent point envahi. C'était un
spectacle imposant de voir voguer sur la Seine,
qui ressemblait en ce moment à une vaste mer,
ces vénérables ministres du Seigneur vêtus de
leurs habits sacerdotaux, élevant vers le ciel
de ferventes prières, et faisant retentir les airs
de leurs chants sacrés. L'un de ces clercs,
nommé Richard, s'avança jusqu'au monastère
de vierges fondé par sainte Geneviève, et qui
fut nommé depuis les Audriettes. On conser-
vait religieusement dans cette maison le lit sur
lequel la sainte avait exhalé son dernier soupir.
Quel fut l'étonnement de Richard en voyant que
l'eau, qui s'élevait dans toute la maison à la
hauteur des fenêtres, avait respecté cette couche
virginale et semblait craindre d'en approcher!
Surpris et touché de ce spectacle, il retourna
vers l'évêque pour l'en avertir. Celui-ci se rendit sur-le-champ au monastère avec des clercs
et une grande foule de peuple. Le miracle fut

publiquement constaté , et tous reconnaissant que c'était en Geneviève que Dieu les avertissait de mettre leur confiance, l'évêque ordonna des prières publiques en l'honneur de cette sainte, afin qu'elle intercédât pour son peuple auprès de Celui qui commande aux flots irrités. Les fidèles entrèrent avec joie dans les pieux sentiments de leur pasteur, et adressèrent au Ciel des vœux ardents par l'intercession de Geneviève. Leur espérance ne fut pas trompée : au bout de quelques jours, les eaux du fleuve s'abaissèrent et rentrèrent complétement dans leur lit.

CHAPITRE XXI

Invasions des Normands. — Danger que courent les reliques de sainte Geneviève. — On les transporte pour quelque temps hors de Paris.

Parmi les fléaux qui vinrent fondre sur la France aux différentes époques de son histoire, on peut mettre au premier rang les invasions des Normands ou hommes du Nord.

Les Normands étaient originaires de la Scandinavie, qui comprenait les royaumes de Danemark, de Norwége et de Suède. L'immortalité de l'âme était un des dogmes fondamentaux de leur religion; mais il n'y avait que ceux dont le sang avait été versé dans les combats qui pussent aspirer aux plaisirs du palais de *Walhall*, et l'ignominie était attachée à toute mort qui n'était point ensanglantée. La crainte d'entrer dans le *Nistheim* portait le courage jusqu'au fanatisme. Hela ou la mort y exerçait son empire ; son palais était l'angoisse ; sa table, la famine ; ses serviteurs, l'attente et la lenteur ; le seuil de sa porte, le précipice ; son lit, la maigreur : elle était livide, et ses regards seuls glaçaient d'effroi.

Lorsque ces peuples apparurent dans l'Europe, guidés par leurs mythes terribles, ils répandirent l'épouvante dans tous les lieux où ils débarquèrent. Du vivant de Charlemagne, ils avaient déjà fait quelques descentes dans la Frise ; mais les précautions déjà prises par ce prince mirent ses États à l'abri de leurs incursions. La vigilance de Louis le Débonnaire, et les succès que ses armes obtinrent contre les ennemis extérieurs, garantirent aussi le royaume pour quelque temps. Mais après la mort de ces deux princes, les invasions des Normands devinrent plus fréquentes et plus désastreuses.

La race des guerriers et des hommes libres avait été en grande partie détruite par les guerres étrangères et par la guerre civile qui ensanglantaient l'Europe depuis près d'un siècle. Des hommes attachés à la glèbe, étran-

gers au métier des armes, étaient peu propres
à arrêter les courses des Normands, qui pénétraient dans les fleuves avec leurs barques légères, descendaient en silence sur le rivage, et attaquaient avec fureur les habitations isolées, les abbayes et les monastères désarmés. Leurs succès leur inspirèrent tant d'audace, qu'ils ne craignaient pas de pénétrer en petit nombre dans les villes, et d'aller, pendant la guerre, chercher du vin jusque dans Paris.

En 866, sous le règne de Charles le Chauve, les barbares, ayant remonté la Seine, vinrent s'établir dans l'île de Saint-Denis. Peu scrupuleux sur les moyens de satisfaire leur cupidité, ils allaient jusqu'à livrer aux flammes les reliques des saints, pour s'emparer des châsses précieuses où elles étaient renfermées. L'église où se gardait le corps de sainte Geneviève n'étant point protégée par les murailles de la ville, il était à craindre que ce précieux dépôt ne tombât aux mains sacriléges de ces farouches ennemis. Quel parti devaient prendre les pieux lévites chargés de veiller sur ces reliques bénies? Il n'y en avait qu'un qui fût digne de leur dévotion pour la sainte, et conforme aux véri-

tables intérêts de la religion : c'était de chercher un lieu moins exposé à la fureur et aux
profanations des Normands. Ils sortirent, en
effet, de Paris, où ils ne pouvaient plus trouver
aucune sûreté, et ils transportèrent le trésor
confié à leur surveillance d'abord à Athys,
puis à Draveil, qui dépendaient l'un et l'autre
de leur église.

Charles le Chauve ayant traité avec les ennemis, presque aussitôt les saintes reliques
furent rapportées à Paris, et placées non plus
dans le caveau où elles avaient d'abord été
déposées, mais dans l'église, sous l'autel même
des saints apôtres.

Elles ne devaient pas y demeurer longtemps.
Les Normands, qui n'avaient consenti à se retirer qu'à des conditions très-favorables, trouvaient trop d'avantage à revenir pour ne pas
le faire dès qu'ils le pourraient.

Après s'être contentés, pendant une ving-
taine d'années, de quelques ravages passagers,
ils équipèrent, en 885, une flotte formidable
qui portait environ quarante mille soldats; ils
remontèrent la Seine et vinrent faire le siége
de Paris. Soutenus par l'énergie de Goslin,

leur évêque, et du comte Eudes, leur gouverneur, les Parisiens se défendirent avec un courage qui semblait surnaturel ; et si Charles le Gros, qui s'était rapproché de Montmartre avec une armée, avait secondé le dévouement de ces intrépides guerriers, leurs efforts auraient lassé la persévérance des assiégeants ; mais ce prince indolent semblait prendre à tâche d'humilier et de perdre la France. Il assista sans coup férir aux dévastations que les Normands exerçaient de toutes parts autour de lui ; et lorsqu'il parut devant eux, ce ne fut pas pour les combattre, ce fut pour acheter leur éloignement et faciliter leur retraite.

On comprend quelle dut être encore une fois la frayeur des pieux lévites qui veillaient sur les dépouilles de Geneviève, lorsqu'ils virent les barbares sous les murs de la ville. Se rappelant les sacriléges et les profanations dont ils avaient gémi quelques années auparavant, ils n'hésitèrent pas à chercher de nouveau dans la fuite la sûreté qu'ils y avaient déjà trouvé lors du premier péril qu'avaient couru les saintes reliques. Ils les transportèrent au village de Marisy, qui dépendait de leur église, et situé sous la tour de la Ferté-Milon, qui passait pour une place imprenable. Pendant ce court exil, les restes de Geneviève opérèrent encore plusieurs miracles dans les lieux qu'ils traversèrent : des malades furent guéris de leurs infirmités, des possédés furent délivrés du démon qui les tourmentait dans leur corps, des infortunés de toute espèce éprouvèrent les heureux effets de la présence de la sainte. Dès que la paix fut conclue, le pieux dépôt fut rapporté en triomphe et replacé dans l'église des saints apôtres, où les fidèles devaient continuer d'apporter leurs vœux et les témoignages de leur reconnaissance.

CHAPITRE XXII

Miracles opérés par la présence des reliques de sainte Geneviève. — *Le mal des Ardents.* — Origine de la fête de *Sainte-Geneviève-des-Ardents.*

Depuis plus de deux siècles que les reliques de Geneviève étaient rentrées dans Paris, elles avaient soulagé bien des souffrances et consolé bien des afflictions; mais l'histoire ne nous en a pas conservé la mémoire, et ce n'est qu'aux jours des grandes calamités publiques qu'il faut chercher des souvenirs de la puissante intercession de la sainte et de la confiance des peuples en son secours efficace.

En 1129, sous le règne de Louis VI, dit le Gros, la ville de Paris fut frappée d'un mal horrible dont on n'avait encore vu en France aucun exemple. Ceux qui en étaient atteints se sentaient dévorés d'un feu intérieur qui les consumait jusqu'à la moelle des os, et bientôt ils expiraient au milieu des plus cruelles douleurs. L'art épuisa en vain toutes ses ressources pour disputer à la mort quelques victimes ; les remèdes ne servaient qu'à prolonger un peu les souffrances des pauvres malades, sans pouvoir leur apporter un soulagement véritable. Dans cette extrémité, les Parisiens, reconnaissant la main de Dieu qui leur infligeait un châtiment trop mérité, coururent s'adresser à leur évêque pour le consulter sur les moyens de conjurer le fléau. Étienne (c'était le nom du vénérable prélat) ordonna aussitôt des jeûnes, des processions, des prières, pour fléchir le Ciel justement irrité. A cette voix respectée et chérie, tous coururent se prosterner au pied des autels, se frappant la poitrine et implorant humblement le pardon de leurs péchés.

Cependant Dieu restait sourd à leurs prières, et le fléau destructeur continuait de décimer la population consternée. Tout à coup Étienne, divinement inspiré, assemble son clergé, et le conduisant sur la montagne où repose le corps de celle qui fait désormais toute son espérance :

« Nous ne méritons pas, dit-il, que Dieu exauce nos prières, parce que nous ne sommes que de misérables pécheurs; mais si nous les lui présentons par les mains de sa fidèle servante, j'ai la confiance qu'il les écoutera favorablement. » Depuis longtemps déjà le corps de Geneviève, tiré de son tombeau, avait été renfermé dans une châsse d'un riche métal et exposé sur l'autel des saints apôtres à la vénération des fidèles. Étienne pria les chanoines qui en avaient la garde de vouloir bien le faire descendre, afin de le porter en procession à travers les rues désolées de la cité. Les chanoines n'eurent qu'une voix pour applaudir à la pieuse pensée du vénérable prélat, et dès la nuit suivante ils firent descendre la châsse, pendant que les assistants prosternés imploraient la miséricorde du Dieu de Geneviève.

Le lendemain, dès que l'aurore parut, l'évêque et le clergé de Notre-Dame, sortant de la cathédrale, vinrent avec la châsse de saint Marcel chercher celle de sainte Geneviève; puis le pieux cortége se mit en marche. A chaque pas il grossissait par l'affluence des fidèles jaloux de marcher sous la conduite de leur sainte patronne ; à chaque pas aussi on voyait renaître l'espérance, la sérénité reparaissait sur tous les visages ; bientôt un grand nombre de guérisons miraculeuses vinrent prouver que cette confiance n'était pas vaine. Des milliers de victimes déjà marquées par la mort se virent subitement rappelées à la vie. Trois malheureux seulement avaient douté du crédit de Geneviève auprès de Dieu ; ils furent les seuls qui n'éprouvèrent pas le bienfait des prières de la sainte. Mais les blasphèmes qui sortaient de leur bouche, mêlés aux actions de grâces de tous les autres, étaient encore un témoignage rendu à la puissance du nom de Geneviève.

L'année suivante, le pape Innocent II vint à Paris ; il fut si touché du récit qu'on lui fit de ce miracle, qu'il ordonna que la mémoire en fût célébrée chaque année sous le nom de sainte Geneviève du Miracle-des-Ardents. Cette fête se célèbre le 26 novembre.

CHAPITRE XXIII

Dévotion des rois de France pour sainte Geneviève. — Ils recourent à sa protection dans toutes les grandes circonstance de leur règne. — Faveurs qu'ils obtiennent.

La sollicitude de sainte Geneviève pour le royaume de Clovis avait éclaté d'une manière si visible par les faits miraculeux que nous venons de rapporter, qu'on eut toujours en France une pieuse dévotion pour cette sainte, et qu'aux différentes époques de notre histoire nos plus grands rois se sont fait gloire de recourir à sa puissante intercession. Sous le règne de Philippe-Auguste, une cruelle inondation désola de nouveau Paris; aussitôt la châsse fut descendue; et, à la vue des saintes reliques, la Seine, comme frappée de respect, rentra dans son lit. Sous le règne de saint

Louis, pour une calamité semblable on employa le même remède, et ce fut avec autant de succès. Mais ce n'était pas seulement dans les malheurs publics que ce grand prince demandait à la bergère de Nanterre le secours de ses prières; telle était sa foi dans les mérites de cette sainte, qu'il recourait à elle afin d'obtenir plus sûrement les grâces particulières dont il avait besoin pour lui ou pour sa famille. C'est ainsi que, dans une maladie dangereuse du comte d'Artois, son frère, il demanda qu'on voulût bien descendre la sainte châsse et la porter en procession à l'intention du prince. On le fit; et, le jour même où eut lieu cette pieuse cérémonie, le comte d'Artois recouvra la santé. Il est inutile d'ajouter qu'il conserva tout le reste de sa vie une tendre dévotion pour son auguste bienfaitrice.

Fidèle à l'esprit chrétien de ses prédécesseurs, Charles V, celui qui mérita le surnom de Sage, ordonna dans le cours de son règne plusieurs processions de la sainte châsse, et il y assista lui-même en personne avec toute la dévotion d'un simple fidèle. Ce qui marque encore jusqu'où il portait la vénération pour les saintes reliques, c'est qu'il voulut que tous les ecclésiastiques, tant séculiers que réguliers, les suivissent pieds nus, comme le faisait déjà le clergé de sainte Geneviève.

Franchissons près d'un siècle, et nous allons voir sainte Geneviève sauver une fois de plus sa France bien-aimée. Les défaites désastreuses de Crécy, de Poitiers et d'Azincourt avaient mis presque tout le royaume aux mains des Anglais, et Charles VII, en montant sur le trône, se trouvait tout au plus souverain de quelques villes, et se voyait, pour ainsi dire, exilé dans ses propres États, qu'occupaient des troupes étrangères. Geneviève est touchée de cette triste situation; elle prie Dieu de se servir d'elle encore pour arracher à une perte assurée le peuple qu'elle a pris sous sa protection. Dieu prête à ses prières une oreille favorable; bientôt il permet qu'elle apparaisse, dans une sainte vision, à une jeune vierge, comme elle simple fille des champs, qu'elle lui représente avec force les maux de leur commune patrie, qu'elle l'excite à marcher à son secours, qu'elle mette dans son âme le courage et surtout la foi nécessaire pour accomplir une si grande et si salutaire entreprise ; et aussitôt la jeune bergère quitte sa houlette pour ceindre le glaive des guerriers, et venant prendre Charles VII, alors relégué à Chinon, elle le conduit comme par la main jusqu'à Reims, où il reçoit l'onction sacrée qui le fait enfin roi de France. A ces traits on a reconnu la vierge de Domremi, l'immortelle Jeanne d'Arc.

Que, plus tard, des maux d'une autre espèce viennent éprouver notre pays ; que les hérétiques profanent les choses saintes ; qu'ils foulent aux pieds le corps et le sang de Jésus-Christ cachés sous les espèces du pain ; c'est à Geneviève que s'adressent les fidèles dans la douleur que leur causent ces outrages faits à Dieu lui-même. François Ier, Henri II, Charles IX, ordonnent tour à tour des cérémonies expiatoires et des processions où la châsse de sainte Geneviève soit portée solennellement. Malgré la diversité de leurs caractères et de leurs sentiments, ces princes s'accordent en ce point, que, lorsqu'il s'agit de réparer un grand sacrilége, il n'y a point de secours plus efficace que celui de la bergère de Nanterre.

Si, à une autre époque, une fureur malheureuse pousse les Français à se faire une guerre fratricide, c'est à Geneviève que Henri III recommande le salut de la France; et lorsque, rentré dans le sein de l'Église, Henri IV a reçu de Rome l'absolution qu'il sollicitait, c'est par une procession en l'honneur de sainte Geneviève qu'il rend grâces à Dieu de ce bienfait qui le remet en possession du royaume de ses pères. Quant à Louis XIII, il avait trop de piété pour attendre que le Ciel vînt l'avertir, par des épreuves terribles, de recourir à la puissante intercession de Geneviève; et, dans les années les plus heureuses de son règne, il ne cessa de recommander aux prières de la sainte patronne de Paris toutes les entreprises qu'il formait. Mais personne n'eut peut-être pour sainte Geneviève une dévotion plus grande que Louis XIV. Persuadé que c'était à une neuvaine en son honneur qu'il devait d'avoir été délivré d'une maladie dangereuse, c'est à elle qu'il recommande la reine, atteinte aussi d'un mal qui faisait craindre pour ses jours. Dans une autre circonstance, il montra mieux encore tout ce qu'il espérait de la protection de la vierge de Nanterre. Le moment était venu où la France expiait par de cruels revers la longue suite de ses triomphes. Aux désastres inévitables d'une guerre si acharnée se joignit le fléau d'une horrible famine. En vain la charité répandit les dons à pleines mains ; la misère était devenue générale ; et, les blés se desséchant faute d'eau, l'année suivante le désespoir était dans tous les cœurs. Dans cet état d'affliction, les Parisiens allèrent porter leurs gémissements et leurs prières aux pieds de leur bienfaitrice ordinaire. On se rendit par milliers au lieu où étaient déposées les saintes reliques. Le roi voulut que ce pèlerinage se fît avec ordre, et ce fut une véritable procession, dont la pompe et la solennité surpassaient tout ce qu'on avait vu jusqu'alors. A peine cette pieuse cérémonie était-elle achevée que la pluie tomba en abondance, et vint rendre à la terre la fécondité qu'elle semblait avoir perdue.

Nous pourrions ajouter à la liste des princes qui ont eu pour notre sainte une dévotion particulière le nom de Louis XV ; mais ici nous touchons à l'histoire de l'église Sainte-Geneviève, dont il est temps de dire quelques mots.

CHAPITRE XXVI

Histoire de l'église Sainte-Geneviève depuis son origine
jusqu'à nos jours.

On se rappelle que les restes de Geneviève
avaient été déposés dans l'église Saint–Pierre
et Saint-Paul, qu'elle avait fait commencer,
et qui n'était pas encore terminée. Aussitôt
après sa mort, le peuple, se rappelant les
vertus dont elle n'avait cessé de donner au
monde le spectacle admirable, se hâta de
lui rendre les honneurs dus aux saints qui
ont été sur la terre un sujet d'édification;
on éleva sur son tombeau un oratoire en bois,
en attendant que l'édifice consacré aux saints
apôtres fût achevé. Dans la suite on leva son
corps de terre, pour le renfermer dans une
châsse magnifique faite par saint Éloi. Cette
châsse, élevée sur quatre grosses colonnes de
jaspe et soutenue par quatre chérubins, fut

placée derrière le grand autel. Mais, comme elle n'était qu'en argent, Robert de la Ferté-Milon, abbé de Sainte-Geneviève, voulant la rendre plus digne des saintes reliques qui devaient y reposer, ordonna, l'an 1212, de la refaire en vermeil. Il y entra cent quatre-vingt-treize marcs et demi d'argent, et huit marcs et demi d'or.

Cependant les processions que les malheurs des temps rendaient si fréquentes avaient occasionné de grands dommages à cette châsse. En 1614, Dieu inspira au pieux abbé Benjamin de Brichanteau la pensée de la faire réparer : on lui fit hommage, en cette occasion, de riches présents en diamants, émeraudes et pierres précieuses. La reine Marie de Médicis donna un magnifique bouquet de diamants, qui fut placé au haut de la châsse. La duchesse de Savoie, de son côté, fit présent d'une croix d'or chargée de sept turquoises d'une grosseur extraordinaire, et tous ces dons réunis firent de la châsse où étaient renfermés les saints ossements d'une humble bergère, un des plus beaux et des plus riches reliquaires du monde. Louis XIII en rehaussa encore l'éclat en faisant présent de deux colonnes de jaspe pour la supporter.

Il paraît, par l'acte d'une donation faite à la cathédrale de Paris, que la basilique élevée en l'honneur des saints apôtres Pierre et Paul avait pris, dès l'an 811, le nom de Sainte-Geneviève. Avec les siècles, ce temple avait perdu beaucoup de sa solidité, et déjà il menaçait ruine, lorsqu'un roi de France conçut le pieux projet de le remplacer par un autre qui surpassât en magnificence les plus beaux monuments dont l'antiquité nous ait laissé le souvenir.

Les premières années de Louis XV avaient été signalées par des victoires éclatantes : Courtray, Menin, Ypres, Furnes, Château-Dauphin, étaient tombés tour à tour au pouvoir des Français. Dans le temps que le roi ordonnait un *Te Deum* solennel en action de grâces de ses succès, il se sentit tout à coup saisi d'une fièvre violente qui en peu de jours le mit aux portes du tombeau. Des qualités réelles faisaient de Louis un roi selon le cœur de ses sujets ; et d'un commun accord ils l'avaient surnommé le *Bien-Aimé* : aussi, dès qu'on apprit à Paris la nouvelle de sa maladie, la consternation fut dans toutes les âmes. Toutes les églises se remplirent d'une foule nombreuse qui venait, en pleurant, demander à Dieu la santé du roi. Mais c'était surtout dans l'église de leur sainte patronne que les Parisiens se portaient avec empressement. La châsse avait été descendue, et l'on avait commencé une neuvaine solennelle. Le ciel fut sensible à des vœux si touchants. Le roi, qui le 14 août était en danger de mort, se trouva beaucoup mieux dès le lendemain, et fut en état, le mois suivant, de voler à de nouvelles victoires.

L'enivrement de ses triomphes ne lui fit pas oublier que c'était à la puissante intercession de Geneviève qu'il devait la vie; et, pour lui en témoigner sa reconnaissance, il résolut d'élever en son honneur une église plus digne de recevoir ses cendres que celle où elles reposaient depuis plus de douze siècles. L'architecte Soufflot fut chargé de dresser les plans du nouvel édifice; le roi en posa la première pierre le 6 septembre 1764; et bientôt on vit s'élancer dans les airs cette hardie coupole dont l'église Saint-Pierre de Rome avait offert l'admirable modèle.

« Un poëte ingénieux, dit M. de Feller dans son *Dictionnaire historique*, en voyant élever ce superbe édifice au moment où le dépérissement de la religion devenait de jour en jour plus visible, adressa à la piété qu'il appelle tardive pour avoir différé si longtemps l'exécution de ce bel ouvrage, des vers dont voici le sens :

« Un temple grand et auguste s'élève dans la ville royale, édifice digne de la cité et de la vierge qu'elle a adoptée pour patronne. C'est trop tard, ô piété, que tu édifies de vains honneurs, ces temps ne répondent point à la dignité de tes entreprises : car, avant que tu aies élevé un temple au Seigneur dans la reine des cités, l'impiété proscrira Dieu dans la ville et dans ses temples. » En effet, l'édifice était à peine achevé que l'impiété, alors toute-puissante en France, s'en empara pour le consacrer à un usage tout profane, c'est-à-dire pour y déposer les cendres des grands hommes que la patrie jugerait dignes de cet honneur. En conséquence, l'Assemblée nationale décréta, le 4 avril 1791, que la sainte basilique s'appellerait désormais Panthéon, nom emprunté à un temple du paganisme, et qui signifie *réunion de tous les dieux*. Au premier rang de ces dieux mortels figuraient Voltaire et Jean-Jacques Rousseau. En présence de ces profanations, la religion, impuissante à les empêcher, voulut du moins protester par ses paroles de sa légitime indignation. « Un magnifique monument, s'écria le premier pasteur de Paris, avait été élevé par la piété de nos rois et le vœu de tous les citoyens en l'honneur de notre sainte patronne, et il est converti aujourd'hui en un temple païen! Le nom du vrai Dieu qui se lisait sur son frontispice en a disparu, et les cendres des plus cruels ennemis de la religion sont en possession de la place où la religion elle-même devait déposer la dépouille mortelle d'une vierge sainte, l'objet de la vénération publique depuis l'établissement de la monarchie, et dont la capitale a tant de fois éprouvé la sainte protection! Ne semble-t-il pas, grand Dieu; que nous soyons retournés au temps de ces barbares, idolâtres ou hérétiques, qui démembrèrent l'empire romain après l'avoir couvert de ruines; au temps des Goths et des Vandales, qui laissaient partout sur leur passage des traces de leur férocité ou de leur fanatisme ? »

C'était trop peu encore pour des hommes qui avaient dit dans leur cœur : « Il n'y a point de Dieu. » Près de l'enceinte sacrée qu'ils avaient envahie continuait de subsister le temple commencé autrefois par Clovis, et dans lequel reposaient les saintes reliques de la vierge de Nanterre. Là, du moins, les fidèles trouvaient quelque consolation dans la présence de leur puissante protectrice. Ce dernier asile ne fut pas respecté des impies. Animés d'une fureur sacrilége qu'augmentait encore la cupidité, ils se précipitent sur les trésors du sanctuaire, pillent ces riches offrandes d'une pieuse reconnaissance ; puis, se jetant sur le coffre qui renfermait les saintes reliques, ils en tirent les ossements vénérables, les promènent ou plutôt les traînent ignominieusement dans ces mêmes rues qu'ils avaient traversées autrefois avec tant d'honneurs, et vont enfin les brûler en place de Grève, aux grands applaudissements d'une multitude frénétique, qui croyait anéantir le crédit de Geneviève en détruisant ses restes mortels.

Enfin aux jours de la Terreur succédèrent les jours plus calmes de l'empire. Les temples du vrai Dieu se rouvrirent; l'église Sainte-Geneviève reprit son nom; mais elle ne fut point rendue à sa destination première; et par un décret du 20 février 1806 elle fut désignée comme le lieu de sépulture réservé aux maréchaux, grands officiers et sénateurs de l'empire. Cependant, par les soins de M. de Voisins, alors curé de Saint-Étienne-du-Mont, des fouilles furent faites dans la chapelle souterraine de l'ancienne abbaye Sainte-Geneviève. On découvrit une pierre qui ne pouvait être que le fond du tombeau de la sainte. Mgr l'archevêque de Paris autorisa M. le curé de Saint-Étienne-du-Mont à offrir cette relique à la vénération des fidèles, et les grâces obtenues par ceux qui prièrent devant ces pieux débris auraient suffi, à défaut d'autres preuves, pour en démontrer l'authenticité. Sous la restauration, la sainte basilique, après avoir été purifiée des profanations dont on l'avait souillée, redevint un temple chrétien, et fut consacrée de nouveau sous l'invocation de sainte Geneviève. La cérémonie eut lieu le 3 janvier

1830. Mais la révolution de 1830 devait encore une fois faire tomber la croix qui s'élevait sur l'édifice sacré, effacer le nom du vrai Dieu qui se lisait sur le frontispice, et bannir l'humble vierge du sanctuaire où les âmes pieuses lui apportaient leurs hommages. A Dieu seul il appartient de savoir combien de temps encore doivent durer ces jours d'épreuve, et quand nous verrons se relever les autels de la sainte patronne de Paris; mais, nous en avons la confiance, malgré notre ingratitude, elle ne nous abandonnera pas; elle continuera de veiller avec sollicitude sur cette France qu'elle a tant aimée.

A l'heure où nous écrivons ces dernières lignes, nous apprenons qu'un grand acte de réparation vient de s'accomplir. Un récent décret du président de la république ordonne que le Panthéon soit rendu à sa première destination, qui était toute religieuse. La sainte patronne de Paris va rentrer en possession du magnifique temple que la piété des fidèles lui avait élevé, et que la fureur révolutionnaire avait si indignement profané; et l'on prépare déjà la grande solennité qui doit inaugurer cette ère nouvelle. Ici, comme dans tous les événements qui s'accomplissent autour de nous depuis quelques années, il est impossible de ne pas reconnaitre l'action de la Providence. C'est au moment où l'impiété se flattait de renverser tous les autels et annonçait hautement ses desseins sacriléges, que la religion se relève plus brillante et plus glorieuse. Après nous avoir éprouvés par des terreurs trop fondées, Dieu nous envoie de douces consolations et nous en fait espérer de plus grandes. Puissent les terribles leçons qu'il nous a données nous faire comprendre notre faiblesse et sa puissance; nous convaincre que c'est en lui seul que nous devons mettre notre espoir; nous enseigner à marcher, pour ne plus nous en écarter, dans la voie de ses commandements! Puisse notre belle France, grâce à la miséricorde de Dieu et à la protection de sainte Geneviève, revenir à cet esprit de foi qui lui a mérité, dans d'autres temps, le titre de fille ainée de l'Église!

FIN

TABLE

CHAPITRE V

CHAPITRE VI

CHAPITRE VII

CHAPITRE VIII

CHAPITRE IX

CHAPITRE X

CHAPITRE XI

CHAPITRE XII

CHAPITRE XIII

CHAPITRE XIV

CHAPITRE XV

CHAPITRE XVI

CHAPITRE XVII

CHAPITRE XVIII

CHAPITRE XIX

CHAPITRE XX

CHAPITRE XXI

CHAPITRE XXII

CHAPITRE XXIII

CHAPITRE XXIV

Tours. — Impr. Mame.